Was
soll ich bloß in meinen
Newsletter
schreiben?

52 **E-Mail-Marketing Konzepte**,
mit denen Sie **Newsletter** texten,
die gerne gelesen werden

Perfekt *für Unternehmer, Berater, Agenturen,
Texter und Redakteure*

Impressum

© 2021 VoV media / Roman Kmenta, Forstnergasse 1, A-2540 Bad Vöslau – www.romankmenta.com

1. Auflage 05/2021

Umschlaggestaltung: Monika Stern, sternloscreative e.U.
Coverbild: Shutterstock, Freepik
Layout: Monika Stern, sternloscreative e.U.
Illustration: VoV media, Freepik
Lektorat/Korrektorat: VoV media

Verlag: VoV media – www.voice-of-value.com
Verlag & Druck: tredition GmbH, Halenreie 40-44, 22359 Hamburg
ISBN: 978-3-347-32809-9 (Hardcover)

Inhalt

Was schreibe ich in die Betreffzeile meines Newsletters?

Teil 2 – 52 Konzepte für Newsletter, die gelesen werden

Denken und schreiben Sie in Serien

Grundkonzepte

Konzepte, die vor allem informieren

Konzepte,
bei denen die Leser etwas lernen *113*

Danke

Zu Beginn dieses Buches möchte ich meinem Branchenkollegen Oliver Schumacher meinen Dank aussprechen. Ohne ihn wäre dieses Buch vermutlich nie geschrieben worden. Er hatte mein erstes Buch aus der „Was soll ich bloß ..."-Serie gekauft und gelesen. Es gefiel ihm und er empfand es als hilfreich, wie er mir in einer E-Mail mitteilte.

Ergänzend merkte er an: *„Falls ich Dir eine Idee für Dein nächstes Buch geben darf, dann gerne folgende: „Was soll ich bloß meinen Newsletter-Empfängern schreiben?" Damit rennst Du wahrscheinlich auch offene Türen ein. Zumindest beschäftige ich mich aktuell mit dieser Frage."*

Danke, lieber Oliver, für die Idee.

Eine Nachricht an die Leser von „Was soll ich bloß posten?"

Falls Sie mein Buch „Was soll ich bloß posten?" gelesen haben, vielleicht auch deshalb auf dieses Buch hier aufmerksam geworden sind und möglicherweise gerade überlegen, es zu kaufen, möchte ich Ihnen dazu eine kurze, aber wichtige Information geben.

Die Themen und Inhalte der beiden Bücher sind nicht komplett verschieden. Ganz im Gegenteil, sie haben Überschneidungsbereiche.

Sie finden im Buch „Was soll ich bloß posten?" durchaus auch einigen Ideen, die Sie für Ihre Newsletter verwenden können. Und wenn Sie das Buch „Was soll ich bloß posten?" eingehend studieren, selbst kreativ werden und darüber nachdenken, welche der Ideen darin Sie für Ihre Newsletter nutzen können und in welcher Form, dann kommen Sie auch ohne dieses Buch hier aus.

Dennoch macht es sehr viel Sinn, dieses Buch – auch zusätzlich zu dem anderen – zu lesen. Ein Newsletter ist dann doch etwas ganz anderes als ein kurzer Post auf Facebook oder ein Schnappschuss auf Instagram. Sie finden daher in diesem Buch ausgewählte und praxiserprobte Antworten auf die Frage „Was soll ich bloß in meinen Newsletter schreiben?" … und das möglicherweise Woche für Woche. Wenn Sie sich also genau mit dieser Frage beschäftigen, dann ist dieses Buch eine sehr gute und hilfreiche Investition – auch zusätzlich zum Buch „Was soll ich bloß posten?". Und alleine ohnehin.

Bevor Sie beginnen

Bevor Sie zu lesen beginnen, besuchen Sie die Ressourcenseite zu diesem Buch und holen Sie sich weitere wertvolle Informationen zu den Buchinhalten.

Sie finden dort:

- tiefergehende Blogbeiträge
- informative Podcasts
- praktische, kostenlose Checklisten und E-Books
- thematisch ergänzende Bücher und Hörbücher

Holen Sie sich unbedingt die Liste mit einer Vielzahl von Ideen für Ihre Betreffzeilen! Diese ist für Ihren Newsletter Gold wert. Eine Betreffzeile, die Neugierde weckt erhöht die Öffnungsrate Ihres Newsletters dramatisch!

Schauen Sie vorbei – am besten jetzt gleich!
>>> https://www.romankmenta.com/newsletter-buch-ressourcen/

Machen Newsletter überhaupt (noch) Sinn?

Wenn ich mit Unternehmen und Unternehmern zu tun habe, die noch keinen Newsletter verschicken, werde ich immer wieder mit der Frage „Machen Newsletter denn überhaupt Sinn?" konfrontiert. Die kurze Antwort darauf lautet: JA! Sonst hätte ich dieses Buch definitiv nicht geschrieben. Für die etwas längere möchte ich ein wenig ausholen.

Die meisten von uns, die ein E-Mail-Konto besitzen, Sie vermutlich auch, werden tagtäglich, oft stündlich, von einer Flut von E-Mails heimgesucht, genervt, geplagt. Manche davon – aber lange nicht alle – sind etwas, das ich als Newsletter bezeichnen würde. Das meiste ist einfach nur Spam und Schrott, den ich an dieser Stelle gleich vorweg von einem gut gemachten Newsletter trennen möchte.

Doch auch bei den „echten" Newslettern erhalten Sie wahrscheinlich welche aus drei Kategorien:

- solche, für die Sie sich ganz bewusst angemeldet haben,
- solche, für die Sie sich angemeldet haben, aber sich nicht mehr daran erinnern ... und das dem Newsletter-Versender gegenüber auch vehement bestreiten, bis er Ihnen schwarz auf weiß beweist, dass Sie sich angemeldet haben und wann genau, und
- solche, für die Sie sich tatsächlich niemals angemeldet haben und die Sie – illegaler Weise – trotzdem erhalten.

Man könnte also sagen, die ersten sind in Ordnung für Sie, die anderen beiden nicht. Die ersten sind aber vermutlich der kleinste Teil der Newsletter, die Sie erhalten.

Wenn es Ihnen dabei wie mir geht, dann lesen Sie allerdings auch jene, die in die erste Kategorie fallen, nicht regelmäßig oder mache gar nicht und das, obwohl Sie diese für interessant und sinnvoll halten. Sie haben einfach nicht die Zeit bzw. nehmen sich diese nicht.

Aus dieser Eigenerfahrung stellen sich dann viele – durchaus nachvollziehbar – die Frage „Wie sinnvoll ist es überhaupt, einen Newsletter zu verschicken, wenn der im schlechteren Fall nur nervt und selbst im besseren kaum gelesen wird?".

Was dennoch dafür spricht, sind folgende 4 Gründe:

Grund 1: 80 % öffnen zwar nicht, 20 % aber schon

Auch wenn lange nicht alle Empfänger eines Newsletters auch Leser sind, so gibt es doch viele, die ihn öffnen und sogar Links darin – zu weiterführenden Informationen etwa – anklicken. Allgemeingültige Zahlen sind schwer bis gar nicht zu benennen. Ich selbst erziele mit meinem Newsletter in etwa Öffnungsraten von 20 % und Klickraten (Leser, die auf einen Link im Newsletter klicken) von 2 bis 5 %. Jetzt könnte man natürlich den Fokus auf die 80 % der Empfänger legen, die meinen Newsletter nicht öffnen und das als Beleg dafür nehmen, dass der Newsletter nichts bringt, wenn ihn so viele nicht öffnen.

Wenn man den Fokus aber auf die 20 % Empfänger legt, die ihn öffnen – und das sind bei meiner Liste von ca. 10.000 Personen immerhin ca. 2.000 Leser jede Woche – stellt sich die Antwort auf die Frage nach der Sinnhaftigkeit deutlich anders dar. Und auch auf die wirklich ernsthaft am Inhalt Interessierten, die nicht nur geöffnet, sondern auch geklickt haben (bei mir 200 bis 500 Leser jede Woche) bezogen, sieht das Bild durchaus rosiger aus, als wenn man sich darauf konzentrieren würde, dass erschreckende 98 % keinen Link klicken. Ob Ihr Newsletter Sinn macht, ist also vor allem auch eine Frage der Sichtweise.

Grund 2: Die Nicht-Öffner sehen Sie trotzdem

Doch auch die Nicht-Öffner sind für Sie nicht verloren. Viele davon sehen Ihren Newsletter trotzdem im Vorschaufenster ihres E-Mail-Programmes – zumindest die Betreffzeile und einen Teil des Textes. Sie werden also trotzdem wahrgenommen, erzielen Sichtbarkeit und Reichweite und auch Ihre Botschaft wird – zumindest teilweise – transportiert.

Grund 3: Eine Frage des Vergleiches

Immer vorausgesetzt, Sie haben einen Newsletter-Verteiler (ohne diesen sind die Inhalte dieses Buches vorerst ohnehin nur akademischer Natur), stellt sich auch die grundsätzliche Frage: „Wie können Sie von Ihren Kontakten wahrgenommen werden?". Potenzielle Alternativen zum Versand eines Newsletters wären etwa Social-Media-Posts. Gegen diese spricht im Grunde gar nichts. Doch im Vergleich zu einem Newsletter ziehen sie deutlich den Kürzeren.

Auf meiner Facebook-Seite etwa habe ich über 7.000 Follower. Das klingt erst einmal gar nicht schlecht, doch die nackten Reichweitenzahlen sind ernüchternd bis erschütternd. Wenn ich einen Blogbeitrag über meine Facebook-Seite „anteasere" und verteile, wird dieser heutzutage von etwa 100 – 200 Menschen potenziell gesehen und von deutlich weniger als zehn geklickt. Ginge das besser? Ja, zugegeben, ich bin nicht der Facebook-Champion.

Wenn ich denselben Beitrag allerdings als Newsletter verschicke, wird er bei derselben Anzahl von potenziellen Empfängern von etwa 1.400 Menschen geöffnet und von mehr als 200 Lesern geklickt.

Gesehen wird er von noch deutlich mehr, wenn man bedenkt, dass die Nicht-Öffner ihn wie erwähnt trotzdem sehen. So gesehen schlägt ein Newsletter die meisten anderen Alternativen um Längen. Damit will ich mich gar nicht GEGEN Social-Media-Posts aussprechen, sondern FÜR einen gut gemachten Newsletter.

Grund 4: Ihr Newsletter gehört Ihnen

Und ganz nebenbei: Bei Facebook war ich schon des Öfteren gesperrt (aus bis heute unklaren Gründen) und durfte nicht in Gruppen posten (auch nicht in meine eigenen). Das kann Ihnen mit Ihrem Newsletter nicht passieren. Dieser gehört Ihnen und niemand kann Sie davon abhalten, ihn zu verschicken. Auf vielen anderen Plattformen und Medien, die Ihnen die Möglichkeit bieten, gesehen zu werden und Ihre Botschaft zu übermitteln, sind Sie nur Gast. Das wird Ihnen immer dann schmerzvoll bewusst, wenn sie gesperrt werden.

Wenn ich noch länger darüber nachdenken würde, kämen mir noch ein paar weitere Gründe in den Sinn, warum Sie unbedingt einen regelmäßigen Newsletter versenden sollten. Doch ich denke, das ist gar nicht nötig. Wenn Sie das Buch ohnehin gekauft haben, weil Sie bereits einen Newsletter verschicken, aber immer wieder vor der Herausforderung stehen, wöchentlich interessante Inhalte zu liefern, dann bin ich mit den letzten Absätzen offene Türen bei Ihnen eingerannt. In diesem Fall fragen Sie sich zurecht: *„Wann beginnt er endlich, über die versprochenen Inhalte zu schreiben?".*

Aber vielleicht sind Sie ja noch in der Phase des Überlegens, ob Sie einen Newsletter starten sollen, und sind jetzt überzeugt, es zu tun. Wo auch immer Sie gerade stehen, ich verspreche Ihnen, dass Sie genau das bekommen werden, was Sie sich von dem Buch erwartet haben: eine Reihe praktisch anwendbarer und erprobter Konzepte für interessante Inhalte für Ihren Newsletter.

Ich wünsche Ihnen viel Spaß beim Lesen und bereits jetzt viele Ideen, die Sie erfolgreich umsetzen, um so Adressaten zu treuen und begeisterten Lesern zu machen.

Warum abonnieren Menschen Newsletter?

Erst gestern habe ich mit einer Klientin ein erstes Beratungsgespräch geführt. Als ich sie nach ihrer Liste von Newsletter-Abonnenten fragte, erzählte sie, dass sie auf der Homepage einen Button habe, wo man sich für ihren Newsletter anmelden könne. „Und wie viele haben sich bereits angemeldet?", wollte ich wissen. „Bisher hat sich da noch nichts getan", war die ernüchterte, aber für mich nicht unerwartete Antwort.

Warum sollten auch irgendjemand seine Daten in ein Feld schreiben, das mit „Newsletter" beschriftet ist. Da gehört schon mehr dazu. Doch wir wollen uns in diesem Buch ja nicht mit der Frage beschäftigen, wie Sie Newsletter-Abonnenten gewinnen können – wenngleich das eine sehr wichtige Frage ist. Die Antworten darauf könnten durchaus ein eigenes Buch füllen. Und gleichzeitig ist die wesentliche Antwort, die entscheidende, auch die Grundlage für dieses Buch hier.

Warum abonnieren Menschen Newsletter? Warum sollten sie Ihren Newsletter abonnieren und vor allem auch lesen? Die Antwort lautet ganz einfach, nahezu banal: Weil sie davon profitieren bzw. sich erhoffen, davon zu profitieren. Und profitieren kann vieles bedeuten, worauf wir später noch eingehen werden.

Um diese Antwort besser greifbar zu machen und wirklich verstehen zu können, möchte ich mich zuerst mit den Gründen beschäftigen, warum Ihre Leser Ihren Newsletter NICHT lesen oder überhaupt erst abonnieren.

- Sie haben einen Preis für Nachhaltigkeit gewonnen.

- Franz Müller, einer Ihrer Mitarbeiter, ist Mitarbeiter des Monats.

- Ihre Weihnachtsfeier fand dieses Jahr im Hotel zur Post statt und Sie hatten eine Menge Spaß beim Feiern.

- Sie haben die Produktionskapazitäten für Produktlinie X erweitert.

- Es wurden fünf neue LKWs angeschafft.

- Ihr Jahresgewinn stieg um 15 % auf 1,3 Millionen Euro.

Ich könnte die Liste von Themen und Nachrichten, die Ihre (potenziellen) Newsletter-Leser nicht interessieren, endlos fortsetzen. Habe ich diese erfunden? Nein. Vielmehr finden sich genau diese und ähnliche Themen tagtäglich in unzähligen Newslettern wieder. Sie sind das Ergebnis der Frage: „Was soll ich bloß diese Woche wieder in meinen Newsletter schreiben?", die sich der Verfasser gestellt hat. Und da fallen einem meistens als Erstes die aktuellen Unternehmensneuigkeiten ein.

Diese haben für den Verfasser natürlich Bedeutung, sind vielleicht – wie die Gewinnsteigerung etwa – sogar enorm wichtig. Daher meint jener – verständlicherweise –, dass diese ja auch die Welt interessieren müssten. Dabei wird oft eines vergessen. Etwas ganz Grundlegendes:

Der Köder muss dem Fisch schmecken.

Lesersicht statt ICH-Sicht

Solche Nicht-Newsletter-Themen entspringen der verkehrten und für unsere Zwecke grundfalschen Weltsicht: der ICH-Sicht bzw. WIR-Sicht. All das ist aus Ihrer ICH-Sicht interessant, aus Kundensicht aber vollkommen öde und langweilig. So leid es mir tut, Ihnen das sagen zu müssen: Ihre Kunden sind egoistisch (und das meine ich gar nicht böse, wie sich noch zeigen wird). All diese und ähnliche Themen interessieren sie nicht die Bohne. Das Einzige, was Ihre Leserinnen und Leser wirklich interessiert, ist die Antwort auf die Frage: *„Und was habe ich davon?"*.

Wenn Sie sich selbst in die Rolle eines Lesers hineinversetzen – der Sie in Bezug auf die Newsletter anderer auch sind –, werden Sie feststellen, dass es Ihnen ebenso geht. Auch Sie sind egoistisch und nur an Ihrem Nutzen interessiert … Vor allem, wenn es darum geht, einen Newsletter zu öffnen oder auch nicht. Und das ist – wie gesagt – vollkommen in Ordnung und die natürlichste Sache der Welt (ohne an dieser Stelle zu philosophisch werden zu wollen).

Daher müssen Sie sich, wenn Sie Themen für Ihren Newsletter suchen bzw. diesen schreiben, immer und immer wieder die Frage stellen: Was hat der Leser davon? Und nur Themen, die diesen Filter durchlaufen, dürfen in Ihren Newsletter gelangen.

Wenn Sie diese einfache Regel verstanden haben und anwenden, können Sie (beinahe) auch schon wieder aufhören, dieses Buch zu lesen.

Dennoch empfehle ich, die Lektüre fortzusetzen. Warum? Aus dem Grund, dass Ihnen das Buch Denkarbeit abnimmt und im zweiten Teil, wie versprochen, Antworten auf die Frage *„Was soll ich bloß in meinen Newsletter schreiben?"* liefert. Sie müssen nicht all das, was ich bereits gedacht habe, nochmals mühsam selbst denken.

Sie werden sich vielleicht wundern, wenn ich Ihnen jetzt sage, dass die oben angeführten NICHT-Themen dabei nicht grundsätzlich falsch oder nicht zu gebrauchen sind. Die fünf neuen LKWs, die Sie gekauft haben, sind sehr wohl ein Thema für Ihren Newsletter.

Sofern Sie diese Botschaft an der Frage *„Was hat Ihr Kunde bzw. Leser davon?"* ausrichten und das zum Thema in Ihrem Newsletter machen.

Was hat Ihr Leser davon, dass Sie fünf neue LKWs gekauft haben? Möglicherweise verkürzen sich dadurch ja die Lieferzeiten der Waren, die Sie an ihn versenden um zwei Tage. Das wiederum führt dazu, dass Ihr Kunde sein Lager verkleinern kann und nicht mehr so viel vorrätig halten muss, weil Sie rascher liefern, als sein Kunde die Lieferungen benötigt. Damit erspart er sich Kosten und kann vielleicht sogar mehr für das Produkt verlangen, weil es schneller lieferbar ist. All das und noch viel mehr könnte die Anschaffung der LKWs für Ihre Leser und Kunden bedeuten. Wenn Sie es also schaffen, den Kundennutzen aus Ihrer Botschaft herauszuarbeiten und dieses zu kommunizieren, dann haben viele Nachrichten und Informationen das Potenzial für eine Story in Ihrem Newsletter.

Welche Kundennutzen Sie dabei in den Vordergrund stellen können und wie Sie das tun, werden wir uns noch genauer anschauen. Doch zuerst noch etwas anderes: die Sichtweise der potenziellen Leser.

Ministudie „Newsletter"

Um nicht selbst in die Falle der ICH-Sicht zu tappen, habe ich für dieses Buch eine umfangreiche Umfrage unter meinen eigenen Lesern und Social-Media-Kontakten gemacht und dabei folgende zwei Fragen gestellt:

- „Aus welchen Gründen abonnieren Sie einen Newsletter?"
- „Aus welchen Gründen tragen Sie sich aus einem Newsletter-Verteiler wieder aus?"

Die (demografischen) Daten der Studie

Bei der Umfrage wurden eine Reihe von Gründen zur Wahl gestellt, wobei die Teilnehmer auch noch die Möglichkeit hatten, eigene Gründe anzuführen. Es mussten dabei die wichtigsten drei Gründe angegeben werden (nicht mehr, aber auch nicht weniger).

- 240 Antworten ausgewertet
- 69 % der Befragten waren Männer, 31 % Frauen

- Beruf
  - Angestellt – 25 %
  - (bald) Gründer – 5 %
  - Selbstständige/Unternehmer – 66 %
  - Sonstiges – 4 %
- Alter:
  - < 25 Jahre – 0 % (1 Person)
  - 25 – 40 Jahre – 9 %
  - 41 – 60 Jahre – 69 %
  - > 60 Jahre – 22 %

Die wichtigsten Ergebnisse der Studie zusammengefasst

Die wichtigsten Ergebnisse bzw. Erkenntnisse der Umfrage sind:

- Bei der Betrachtung der Daten ist zu berücksichtigen, dass 66 % der Antworten von Unternehmern bzw. Selbstständigen kamen. Diese Aufteilung entspricht überhaupt nicht dem normalen Bevölkerungsdurchschnitt. Allerdings gibt es auch eine Auswertung (siehe unten), bei der die Beschäftigungsverhältnisse getrennt analysiert wurden.

- Über die angegebenen Gründe hinaus wurden so gut wie keine genannt.

- Es gibt keine signifikanten Unterschiede bei den Antworten zwischen Männern und Frauen.

- Auch bei der gesonderten Auswertung nach Berufsgruppen sind bei den meisten Antworten keine erheblichen Unterschiede im Antwortverhalten erkennbar.

- Der bei Weitem wichtigste Grund, einen Newsletter zu abonnieren, ist, dass „interessante Informationen geboten werden, die privat/beruflich weiterhelfen". Dieser wurde von 83 % aller Befragten genannt.

Geschlechterspezifische Daten

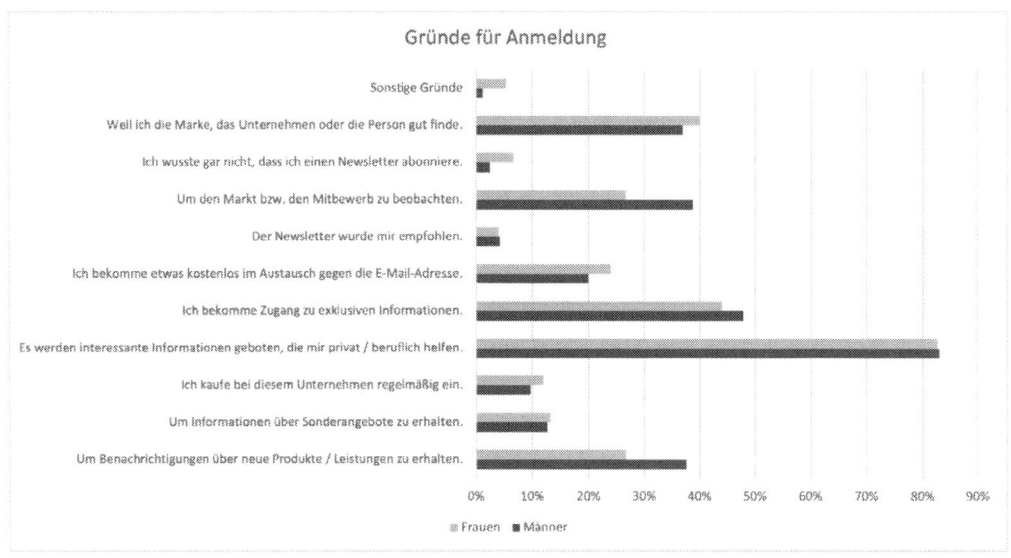

Daten nach Berufsgruppen

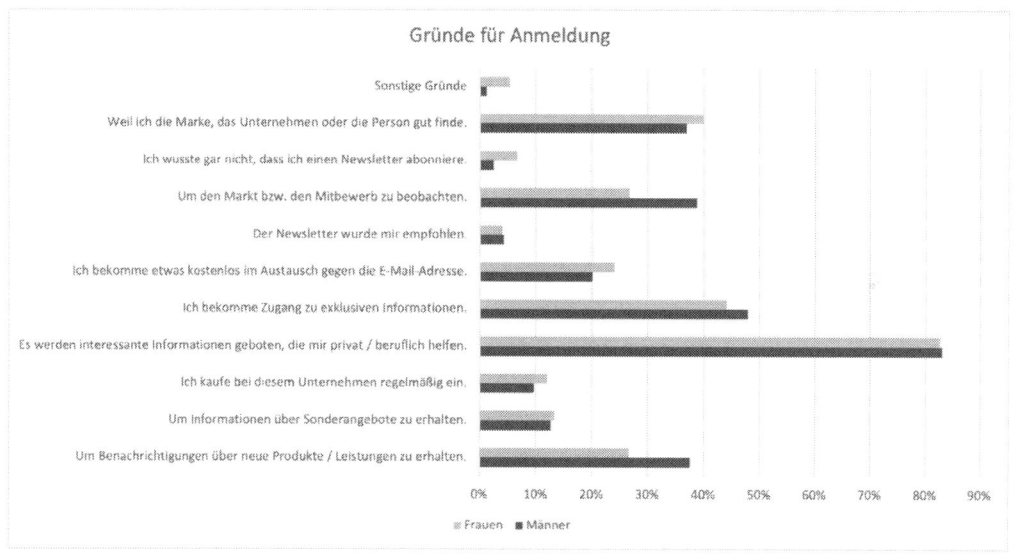

Gründe für Anmeldung

Detaillierte Informationen zum Abmeldeverhalten finden Sie ein paar Seiten weiter hinten im Buch.

Mehr Informationen zu den Ergebnissen der Umfrage generell erhalten Sie auch im Ressourcenbereich.

Der Lesernutzen ist entscheidend

Bei all den nützlichen Informationen, die eine solche Umfrage zutage fördern kann, muss man diese Antworten immer auch kritisch betrachten. Warum? Weil wir oft gar nicht wissen, warum wir etwas tun oder uns die wahren Gründe für unser Handeln nicht eingestehen wollen. Das könnte in dem einen oder anderen Punkt natürlich auch bei meiner Umfrage geschehen sein. Daher lassen Sie uns noch einen anderen, grundsätzlicheren Blick auf die Motive für menschliches Handeln werfen.

Je nachdem auf welche Systematik bzw. Auflistung man schaut, gibt es eine Reihe unterschiedlicher Motive und Beweggründe, warum wir tun, was wir tun. So auch bei der Frage, warum wir einen Newsletter abonnieren. Ohne dabei zu wissenschaftlich werden zu wollen – es handelt sich hier ja um einen Praxisratgeber –, habe ich die aus meiner Sicht im Zusammenhang mit dieser Frage relevantesten Gründe herausgesucht und möchte diese kurz beleuchten.

Diese Motive sind mächtig, sehr mächtig sogar. Und sie sind tief im Unbewussten verwurzelt. Sie bewegen uns, Dinge zu tun und Entscheidungen zu treffen. Dabei kann es sein, dass diese unserem vernünftigen Denken, dem rationalen Verstand, widersprechen. Doch immer, wenn unbewusste Beweggründe und der rationale Verstand im Streit sind, stehen die Chancen für den rationalen Verstand schlecht – selbst wenn dieser von den unbewussten Motiven weiß (was lange nicht immer der Fall ist).

Wenn dem nicht so wäre, gäbe es deutlich weniger (vielleicht sogar keine) Süchte. Und auch so manche irrationalen Ängste – wie die Angst vor Spinnen etwa (zumindest in Mitteleuropa) – hätten keine Chance.

Diese Motive sind, wie gesagt, sehr mächtig. Daher macht es natürlich für Sie sehr viel Sinn, diese mit Ihren Botschaften anzusprechen – und das nicht nur im Newsletter. Was sind nun jene Motive, die sich dafür eignen, Ihre potenziellen Leser dazu zu bewegen, Ihren Newsletter zu abonnieren und zu lesen?

Die folgende Liste der Motive erhebt keinen Anspruch auf Vollständigkeit. Auch sind die Motive nicht überschneidungsfrei. Manche stehen sich sehr nahe – Anerkennung und Fortschritt etwa, weil Fortschritt auch zu mehr Anerkennung führen kann. Die Stärke der Ausprägung der einzelnen Motive kann und wird von Person zu Person unterschiedlich sein, wenngleich ich behaupte, dass etwas von all diesen Motiven in uns allen steckt.

1. Anerkennung und Prestige

Anerkennung ist ein sehr mächtiges Motiv und wird z. B. in der Marken- und Luxuswelt stark eingesetzt. Menschen kaufen Produkte oder auch Leistungen, um damit zu zeigen, dass sie wichtig sind, ihren Status zu verstärken und dazu zu gehören.

Um dieses Motiv zu bedienen, ist der Newsletter selbst schwer einsetzbar. Dafür müssten Sie extrem gute und exklusive Inhalte bringen, damit – wenn die Sprache darauf kommt – das Gegenüber mit einem Unterton der

Bewunderung sagt: „Ach, Sie lesen den XY-Newsletter!". Das wird im Normalfall nicht passieren und eignet sich höchstens für bezahlte und sehr exklusive Newsletter.

Indirekt ist dieses Motiv allerdings sehr wohl gut für Newsletter nutzbar. Alles, was dazu beiträgt, den Leser bzw. die Leserin attraktiver erscheinen zu lassen und somit ihr Prestige steigert, eignet sich bestens, um im Rahmen Ihres Newsletters dieses Motiv anzusprechen. Beauty-Tipps, Mode, aber auch Klatsch und Tratsch aus dem Bereich derer, die für Ihre Leser Vorbilder sind (die Schönen, (Erfolg-)Reichen und Berühmten) sind Themen, die dieses Motiv bedienen.

2. Neues und Fortschritt

Dieses Motiv bringt manche Menschen (und das sind gar nicht so wenige) dazu, sich eine Nacht lang anzustellen, um das neue iPhone als einer der Ersten zu besitzen. Zudem zahlen sie deutlich mehr für ein Produkt, obwohl sie wissen, dass sie es ein paar Monate später wesentlich günstiger erstehen können.

Wenn Sie in Ihrem Newsletter brandneue und brandheiße Informationen liefern, die es Ihrem Leser ermöglichen, immer auf dem aktuellsten Stand und ganz vorne mit dabei zu sein, ist das ein sehr guter Grund, diesen zu lesen. Themenbereiche, in denen sich Dinge permanent ändern, in denen es ständig Neues gibt, eignen sich, um dieses Bedürfnis zufriedenzustellen.

Technologie, Mode oder Online-Marketing sind solche Bereiche, in denen es immer Neuigkeiten zu berichten gibt und wo die Neuheit nach einem halben Jahr auch schon wieder komplett veraltet sein kann. Dieses Motiv für Ihren Newsletter zu nutzen, wird sehr gut funktionieren – so Sie in der passenden Branche tätig sind. Es wird Ihnen dabei niemals an Ideen für Beiträge mangeln.

3. Persönliche Entwicklung und Wachstum

Doch nicht nur die Veränderung im Außen ist ein starkes Motiv, sondern auch die im Innen. Alles, was hilft, uns selbst zu verbessern, eignet sich als Newsletter-Thema sehr gut, um das Motiv „persönliche Entwicklung und Wachstum" anzusprechen. Es gibt bestimmte Zielgruppen, die erfolgshungrig sind und beständig daran arbeiten, besser zu werden und so ihre Ziele schneller zu erreichen. Wenn die Zielgruppe für Ihren Newsletter in diese Kategorie fällt, laufen Sie mit Tipps – wirklich guten Tipps zur persönlichen Weiterentwicklung – sehr wahrscheinlich offene Türen ein. Solche Newsletter werden häufig geöffnet und gerne gelesen.

4. Kosten sparen

Nicht nur für Unternehmen ist Kosten einzusparen ein wichtiges Thema. Auch im privaten Bereich kann man mit Informationen, die es dem Leser ermöglichen, Kosten zu sparen, auf hohes Interesse stoßen und punkten. Dabei hat dieses Thema für Private vor allem zwei grundlegende Ausprägungen. Bei der einen geht es darum, bei Dingen oder Leistungen, die ohnehin konsumiert werden bzw. konsumiert werden „müssen", Kosten zu sparen. Strom, Sprit,

Heizung oder auch Mieten fallen in diese Kategorie. Steuern sind ebenso ein Beispiel dafür, ein sehr wichtiges sogar – für Privatpersonen und vor allem auch für Unternehmen.

Der zweite Bereich, mit dem Sie Konsumenten zum Thema Kostensparen sehr gut ansprechen und erreichen können, sind Spartipps für all jene Dinge und Leistungen, die man zwar nicht braucht, aber umso mehr haben will. Die allgegenwärtigen Schnäppchen sind das Paradebeispiel dafür.

Ein Newsletter, der die Leserinnen und Leser regelmäßig auf die heißesten Schnäppchen aufmerksam macht, wird von vielen Menschen gerne gelesen.

Doch auch wenn Sie Unternehmen als Zielgruppe haben, ist Kostensparen ein sehr wichtiges Motiv. Personalkosten, Produktionskosten, Vertriebskosten … in Unternehmen gibt es eine Unzahl von Kostenstellen, die alle danach trachten, reduziert und optimiert zu werden. Wenn Sie es schaffen, zu kommunizieren, warum Ihr Produkt bzw. Ihre Leistung es schafft, Ihren Adressaten Kosten zu sparen, und das in Ihren Newsletter verpacken, dann wir dieser gerne gelesen.

5. Gewinn erzielen

Man könnte meinen, Gewinn zu erzielen sei dasselbe Motiv wie Kosten zu sparen, da das Resultat ja dasselbe ist. Reduzierte Kosten führen schließlich zu höheren Gewinnen. Doch dem ist nicht so. Ich würde sogar behaupten, dass die beiden Motive weit voneinander entfernt sind.

Jemand, bei dem das Motiv Kosten zu sparen stark ausgeprägt ist, achtet darauf, seine Ausgaben möglichst einzuschränken und zu reduzieren.

Das kann bisweilen soweit gehen, dass dadurch sogar weniger verdient wird. Man kann sich als Unternehmen förmlich zu Tode sparen. Jemandem, der vor allem vom Motiv angetrieben wird, Gewinn zu erzielen, sind die Kosten an sich egal. Er gibt gerne mehr Geld aus. Hauptsache, es rechnet sich. Dieser Jemand hat ein grundlegend anderes Mindset als der eher pfennigfuchserische Kosteneinsparer.

6. Sicherheit

Sicherheit ist eines der verbreitetsten und stärksten Motive, die Menschen antreiben. Dabei steckt hinter dem Begriff Sicherheit sehr viel Unterschiedlichstes. Das kann die körperliche Sicherheit, die finanzielle Sicherheit, die Planungssicherheit oder auch alle Varianten der Zuverlässigkeit betreffen. Welche Art von Sicherheit ist Ihren Adressaten und Lesern wichtig und wie können Sie diese in Ihrem Newsletter ansprechen? Wenn Sie gute Antworten auf diese Frage finden, haben Sie eine Reihe von Themen, die Ihre Leser interessieren werden.

Wenn es um Sicherheit geht, spielt natürlich auch immer Angst eine große Rolle. Im Zusammenhang mit Sicherheit unterschwellig auch Ängste anzusprechen, um die Botschaft zu kommunizieren und bei Ihren Lesern fest zu verankern, ist eine lang erprobte Vorgehensweise. Der Verkauf von Versicherungen etwa funktioniert weitgehend auf dieser Basis – und das sehr gut.

7. Abwechslung

Quasi als Gegenpol zur Sicherheit dürsten wir oftmals aber auch nach Abwechslung. Wir wollen einmal etwas Anderes erleben, nicht immer dasselbe vorgesetzt bekommen und überrascht werden. Wie können Sie Ihre Leser überraschen? Zugegeben, das ist nicht immer einfach. Dazu müssen Sie über den Tellerrand hinausdenken und sich mit Ihren Newsletter-Inhalten wahrscheinlich auch an Grenzen wagen – bisweilen auch darüber hinaus.

Im einfacheren Fall sorgen Sie einfach für einen regelmäßigen Themenwechsel. Immer dasselbe Thema – auch wenn es aus unterschiedlichen Gesichtspunkten beleuchtet wird – wird irgendwann langweilig und Ihr Newsletter wird nicht mehr geöffnet und gelesen.

8. Einfachheit und Problemfreiheit

Kaum jemand schätzt es nicht, wenn die Dinge im Beruf bzw. im Leben einfach, störungsfrei und problemlos ablaufen. Im Newsletter zu erklären, wie Ihre Leser Probleme vermeiden und Abläufe einfacher gestalten können, ist eine zielführende Vorgehensweise. Vor allem dann, wenn Sie Produkte und Leistungen verkaufen, die dazu beitragen, dass Dinge einfacher, leichter und problemloser funktionieren. Auch dieses Bedürfnis ist in so gut wie allen Lebensbereich und Branchen nutzbar:

- Ein Kinderpsychologe gibt Tipps, wie Eltern mit ihren pubertierenden Kindern stressfrei umgehen.

- Ein IT-Experte erklärt Lesern, wie Sie neue Geräte oder Software einfach nutzen.
- Ein Makler informiert über Stolperfallen, die es zu vermeiden gilt, um den Kauf oder Verkauf von Immobilien ganz einfach zu gestalten.

9. Gesundheit

Wenn Sie im Bereich Gesundheit (Ärzte, Heilpraktiker, Verkäufer von Nahrungsergänzungsmitteln etc.) oder einem artverwandten Bereich (Personal Trainer, Fitnesscenter, Yogaschule etc.) tätig sind, liegt es natürlich auf der Hand, Gesundheit als Motiv anzusprechen. Dabei kann es nicht nur um körperliche Gesundheit, sondern auch um mentales Wohlbefinden (Therapeuten, Coaches, Energetiker etc.) gehen. Tipps, mit denen die Leser Ihres Newsletters – mit Ihren Produkten bzw. Leistungen – gesünder werden und bleiben bzw. sich wohler fühlen, ergeben eine Unmenge an möglichen Inhalten für Ihren Newsletter.

10. Verbindung mit anderen Menschen

Menschen sind Lebewesen, die sich gerne in Gruppen aufhalten. Ganz allein gehen wir emotional wie auch körperlich rasch zugrunde. „Verbindung mit anderen" ist daher naturgemäß ein starkes Motiv bei vielen und bis zu einem gewissen Grad in jedem von uns vorhanden. Überall dort, wo etwas gemeinsam getan wird, in der Gruppe, wo es die Möglichkeit gibt, andere kennenzulernen und Kontakte zu pflegen, wird dieses Motiv angesprochen.

Wenn Ihr Newsletter nicht nur eine Information ist, sondern Teil eines Netzwerkes, bei dem es vielleicht auch noch eine Facebook-Gruppe oder sogar physische Treffen gibt, wird er Menschen, die dieses Bedürfnis besonders stark ausgeprägt haben, ansprechen.

11. Genuss

Doch all die anderen Motive sind noch nicht genug für ein erfülltes Leben. Wir wollen es schließlich auch genießen. Genuss kann vielerlei Facetten haben. Produkte und Leistungen wie Essen, Wein, Spirituosen oder auch Tabakwaren können dieses Motiv naturgemäß direkt ansprechen. Aber genießen kann man auch in ganz anderen Bereichen: Reisen, Lesen, Veranstaltungen oder Autofahren. Es kommt, wie Sie sehen, nicht nur bzw. nicht so sehr auf das Produkt an, sondern vor allem darauf, welche Botschaft oder Story Sie in Ihrem Newsletter daraus machen.

12. Anderen helfen und einen Beitrag zum Ganzen leisten

Last but not least ist auch das Motiv, anderen zu helfen und einen gesellschaftlichen Beitrag zu leisten, in vielen Menschen stark ausgeprägt. Wenn Sie in Ihrem Newsletter also diejenigen Aspekte betonen, die Ihren Lesern Informationen geben, wie Sie genau diesen Nutzen daraus ziehen können – idealerweise in Kombination mit Ihren Produkten und Leistungen –, führt das dazu, dass das, was Sie schreiben, auch gelesen wird.

Es kommt darauf an, was Sie daraus machen

Nun kommt es, wie gesagt, zwar darauf an, was Sie verkaufen bzw. welche Inhalte Sie in Ihrem Newsletter vermitteln wollen. Aber entscheidend ist, wie Sie diese Inhalte „verpacken", sodass Sie die passenden Motive damit ansprechen. Das betrifft allerdings nicht nur Ihren Newsletter, sondern ist viel grundlegender.

Es geht im Grunde um die Gestaltung und Ausrichtung Ihrer Produkte und Leistungen auf den Nutzen Ihrer Kunden. Diese spiegelt sich dann im Newsletter wider.

Eine Reise als Produkt könnte z. B. folgende Motive ansprechen und für Ihre Leser alle aufgelisteten Nutzen erfüllen:

- Anerkennung und Prestige
  - Der Luxustrip, bei dem nur in 5-Sterne-Hotels abgestiegen wird.
- Neues und Fortschritt
  - Die Reise an Orte, wo Sie noch nie waren.
- Persönliche Entwicklung und Wachstum
  - Bildungsreisen insbesondere, aber nicht nur.
- Kosten sparen
  - Last-Minute-Buchungen oder auch frühe Buchungen zu reduzierten Preisen

- Gewinn erzielen
  - Bildungsreisen, die dazu beitragen, Dinge zu lernen, die helfen, geschäftlich erfolgreicher zu sein.
- Sicherheit
  - Alle Aspekte der Sicherheit im Zuge der Reisen betonen: Geld zurück, Durchführung garantierte Unterbringung in einem bestimmten Zimmer oder auch die sichere Umgebung
- Abwechslung
  - Rundreisen, bei denen jeden Tag eine andere Stadt besucht wird.
- Einfachheit und Problemfreiheit
  - Alle Aspekte, Leistungen und Zusatzprodukte, die Reisen einfacher, bequemer und stressfreier machen.
- Gesundheit
  - Gesundheitsreisen und Fitnessurlaube.
- Verbindung mit anderen
  - Gruppenreisen
- Genuss
  - Genussreisen mit Besuchen zu tollen Restaurants, Weinverkostungen und Wellnessaufenthalten.
- Anderen helfen und einen Beitrag zum Ganzen leisten
  - Ökologisch und nachhaltig reisen.

Sie sehen, mit dem Thema Reisen können Sie wirklich alle Motive und Kundennutzen ansprechen. Es kommt also ganz darauf an, was Sie daraus machen und welchen Fokus Sie bei dem Thema setzen wollen.

Hauptmotive definieren

Wie bereits zu Beginn dieser Liste erwähnt, stecken wahrscheinlich alle Motive in allen Ihren Newsletter-Adressaten. Von einem Motiv mehr, von einem anderen weniger. Um die passenden Inhalte für Ihren Newsletter festzulegen, beantworten Sie sich selbst die Frage: Was sind die Hauptmotive, die wesentlichen Beweggründe für Ihre Leser, einen bzw. Ihren Newsletter zu öffnen und zu lesen. Nun ist es so, dass Ihr Newsletter zwar an Einzelpersonen geht (gegebenenfalls sogar namentlich adressiert), aber sich doch an die gesamte Verteilerliste (oder Segmente davon) richtet. Was es für Sie daher anzusprechen gilt, sind die Motive und potenziellen Kundennutzen, die Ihre Zielgruppe als Ganzes schwerpunktmäßig hat.

Um die Ecke denken als Game Changer

Viele Newsletter-Verfasser denken zu eindimensional und direkt. Da gibt es ein Produkt oder eine Leistung, die man mit dem Newsletter bewerben möchte. Dieser Gedanke ist im Zusammenhang mit Ihrem Newsletter grundfalsch. Es geht nicht darum, Ihr Produkt zu bewerben, sondern Nutzen für den Leser zu stiften. Und wenn Sie dafür um die Ecke denken müssen und das Haus Ihres Lesers sozusagen durch die Hintertür betreten, dann sollten Sie das tun. Die Vordertür (die direkte Bewerbung Ihrer Leistungen) ist oft fest verschlossen. Es geht darum, die „Probleme" Ihrer Zielgruppe zu lösen bzw.

deren Fragen zu beantworten. Auch wenn diese vordergründig mit dem, was Sie verkaufen, gar nichts zu tun haben.

Praxisbeispiel Sevdesk

Ein Unternehmen, das diese Strategie im Blog hervorragend umsetzt, ist Sevdesk, ein Anbieter von Buchhaltungssoftware für kleine Unternehmen. Statt den Blog mit Content zum Thema Buchhaltung und Buchhaltungssoftware vollzupacken – was wahrscheinlich die wenigsten wirklich interessiert – stehen dort meistens ganz andere Themen im Vordergrund:

- Franchise ohne Eigenkapital – Dein Einstieg in die Selbstständigkeit
- 64 Projektbörsen für Freelancer – Hier findest du deine nächsten Projekte
- Kunden gewinnen in 7 Schritten – So geht's!

So lauten die Titel einiger Blogbeiträge im Sevdesk-Blog. Ab und an geht es in einem Beitrag auch um Buchhaltung, aber sehr selten. So etabliert man sich als Problemlöser für die Zielgruppe, der neben dem eigentlichen Problem – die Buchhaltung einfach und rasch zu erledigen – gleich auch noch eine Menge wertvoller Tipps für andere, für die Zielgruppe wesentlich wichtigere Probleme (z. B.: Wie komme ich zu Aufträgen?) gibt. Das erzeugt Interesse seitens der Zielgruppe und eine starke Bindung. Das eigentliche Produkt wird der Zielgruppe so ein wenig durch die Hintertür nahegebracht.

Besonders für Unternehmen, die Produkte und Leistungen verkaufen, die als eher „unsexy" gesehen werden, ist das eine empfehlenswerte Strategie.

Beispiele dafür – zumindest aus meiner persönlichen Sicht – sind etwa:

- Reinigungsdienste,
- Rohrhalterungen und Verbindungselemente für Handwerker,
- Steuerberatung (wobei das sehr „sexy" werden kann, wenn die Beträge, um die es geht, steigen),
- Schädlingsbekämpfung,
- Entsorgungsdienste.

Die Anzahl der Produkte, Leistungen oder auch ganzer Branchen, die per se nicht sonderlich spannend und wenig emotionsgeladen sind, ist riesig.

Ein paar konkrete Beispiele, wie Sie diesen Grundgedanken auf unterschiedlichste Bereiche (und nicht nur auf jene mit wenig „Sex-Appeal") anwenden können. Bei einigen geht das sogar sehr einfach und direkt:

- Das Gartencenter, das per Newsletter Informationen zum Gärtnern bietet.
- Der Hersteller von Elektroinstallationsmaterial, der per Newsletter den Elektrikern Tipps gibt, wie sie bei Projekten Kosten sparen können.
- Der Fertigteilhaushersteller, der im Newsletter Tipps zum Thema Wohnraumgestaltung gibt und so seine Leser in eine Zukunft mitnimmt, in der sie ihr Haus bereits gebaut haben (und natürlich bei unserem Fertigteilhaushersteller gekauft haben).
- Der Steuerberater, der Tipps zur effektiven Organisation im Büro gibt.

- Der Autohändler, der per Newsletter Tipps für Urlaubsreisen mit dem Auto gibt.

Sie sehen also, es geht darum, um die Ecke zu denken, sich aber dabei immer noch im selben Gebiet zu befinden. Der Autohändler, der Tipps für glückliche Paarbeziehungen per Newsletter verteilen würde, wäre definitiv zu weit weg von seiner Kernkompetenz.

Womit soll ich meinen Newsletter verschicken?

Sie können Ihren Newsletter nicht mit Ihrem normalen E-Mail-Programm versenden. Das hat verschiedene technische und praktische Gründe. Sie brauchen ein E-Mail-Marketing-Programm dafür. Die Auswahl der passenden Newsletter-Software ist eine Sache für sich. Auf der Ressourcenseite zum Buch finden Sie eine Reihe gängiger Programme. Mit einigen davon habe ich selbst bereits gearbeitet. Aktuell nutze ich Active Campaign.

An wen soll ich Newsletter verschicken?

Man sollte meinen, die Antwort auf die Frage, an wen Sie Ihren Newsletter verschicken sollen, sei ganz klar und einfach – an alle auf Ihrer Liste. Das kann der richtige Weg sein – oder aber auch nicht.

Abhängig von Ihrem Business kann es nämlich auch durchaus Sinn machen, komplett verschiedene Newsletter oder Varianten von ebendiesem an unterschiedliche Zielgruppen zu versenden. Es stellen sich daraus zwei Fragen:

- An welche Zielgruppe wollen Sie Ihren Newsletter versenden?
- Wollen Sie einen oder mehrere Newsletter versenden?

Sie werden jetzt vielleicht denken, dass einer mehr als genug ist und Sie bereits froh wären, wenn Sie einen Newsletter regelmäßig mit guten Inhalten füllen und verschicken.

Da gebe ich Ihnen durchaus recht. Wenn es Ihre Ressourcen – vor allem die Zeitressourcen – allerdings erlauben, ist die zielgruppengerechte Ansprache auch mehrerer Zielgruppen durchaus empfehlenswert.

Was können Zielgruppen für Ihren Newsletter sein? Für die meisten sind das einfach ihre (potenziellen) Kunden. Doch es gibt noch weitere interessante Zielgruppen:

- (potenzielle) Kunden und Interessenten,
- potenzielle Mitarbeiter im Zuge des Employer Brandings,
- eigene Mitarbeiter (ein interner Newsletter),
- Influencer, also Menschen oder Organisationen mit Hebelwirkung für Ihr Business,
- die lokale Öffentlichkeit,
- Lieferanten,
- Investoren.

Natürlich werden nicht alle diese Zielgruppen für Sie interessant sein. Ich wollte damit nur aufzeigen, dass sich Ihr Newsletter nicht nur bzw. nicht unbedingt an (potenzielle) Kunden richten muss. Für die meisten Leserinnen und Leser – vor allem für diejenigen, die vielleicht noch gar keinen Newsletter verschicken – wird der Kunden-Newsletter die erste und drängendste Version sein und das ist auch absolut in Ordnung.

Segmentieren macht erfolgreicher

Doch auch innerhalb dieser Zielgruppe, den (potenziellen) Kunden, gibt es eine Menge Unterzielgruppen.

- Käufer und noch nicht Käufer,
- Frauen und Männer,
- private und gewerbliche Empfänger.

Je nachdem, welche Art von Geschäft Sie betreiben, gibt es eine Reihe von relevanten Kriterien, nach denen Sie Ihre gesamte Empfängerliste unterteilen können, um sie dann gezielter mit unterschiedlichen Versionen Ihres Newsletters anzusprechen.

Natürlich bedeutet das, wie erwähnt, mehr Aufwand. Aber Sie können die Botschaften in Ihrem Newsletter dadurch wesentlich zielgerichteter formulieren. So werden Ihre Öffnungsraten und Klickraten steigen, weil das, was Sie verschicken, für die Empfänger deutlich relevanter sein wird.

Um das jedoch tun zu können, müssen Sie Segmentierungskriterien in Ihrer Newsletter-Software hinterlegen, nach denen Sie dann die Adressaten Ihres Newsletters spezifisch auswählen können. Dabei muss es sich nicht um Daten handeln, die Sie aktiv in der Datenbank hinterlegen, wie z. B. das Geschlecht oder das Alter.

Die Kriterien ergeben sich oftmals aus dem Verhalten des Lesers. So könnten Sie z. B. einen Newsletter an all diejenigen schicken, die einen bestimmten Blogartikel, den Sie in einem früheren Newsletter verschickt bzw. angeteasert haben, geklickt und voraussichtlich gelesen haben.

Auch Leser, die Ihre Newsletter oder anderen Botschaften häufig öffnen, könnten Sie mit anderen Inhalten ansprechen als jene, die eher selten das, was Sie versenden, öffnen bzw. lesen.

Wenn Sie am Anfang stehen und sich gerade mit der Frage beschäftigen, wie Sie überhaupt einen regelmäßigen Newsletter starten können, kommen Ihnen diese Überlegungen vielleicht zu fortgeschritten vor. Das sind sie einerseits. Andererseits aber auch nicht. Es gibt gewisse Dinge bzw. Kriterien, die von Beginn an wichtig zu erfassen sind.

So befinden sich in meinem Newsletter-Verteiler etwa 10.000 Personen. Alle sind an den Themen Verkauf und Marketing interessiert. Allerdings handelt es sich bei den Lesern um ein bunt gemischtes Publikum: Angestellte und Unternehmer/Selbstständige sowie Führungskräfte und Mitarbeiter ohne Führungsfunktion.

Das sind Unterscheidungsmerkmale, die für meine Inhalte durchaus relevant sind. Darüber hätte ich von Beginn an mehr nachdenken sollen, um die Liste besser strukturieren zu können. Jetzt kämpfe ich damit, dass alle „in einem Topf" sind und ich teilweise mit dem Gießkannenprinzip arbeiten muss.

Dadurch sind nicht alle Inhalte, die ich verschicke, für alle Empfänger relevant – das ist natürlich schlecht. Wie reagieren Sie, wenn Sie Newsletter geschickt bekommen, deren Inhalte Sie nicht oder nur am Rande betreffen?

Machen Sie daher nicht denselben Fehler wie ich und überlegen Sie bereits zu Beginn, welche Kriterien für Sie entscheidend sein könnten und wie Sie diese zuordnen oder erfassen können.

Achtung – DSGVO

Die europäische Datenschutzgrundverordnung (DSGVO) schreibt vor, dass Newsletter nur an Personen verschickt werden dürfen (von Ausnahmen abgesehen), die sich mittels des sogenannten Double-Opt-In-Verfahrens registriert haben. Dabei muss der neue Abonnent seine Registrierung nochmals per E-Mail bestätigen. Stellen Sie sicher, dass Sie nur an Empfänger verschicken, deren Adressen Sie auf diese Weise gesammelt haben.

Wie oft soll ich Newsletter verschicken?

Viele haben Angst, ihre Newsletter zu oft zu versenden und die Empfänger damit zu nerven. In der Umfrage, die ich für dieses Buch gemacht habe, ist tatsächlich einer der am meisten genannten Austragungsgründe für Newsletter jener, dass dieser zu häufig verschickt wird (genaue Daten folgen in Kürze). Doch auch, wenn Leser das sagen und auch denken, stimmt das so im Grunde nicht.

Nüchtern betrachtet ist vielmehr Folgendes wahr:

Zu oft gibt es bei einem Newsletter nicht, nur zu uninteressant.

Wenn Sie es schaffen, interessante und relevante Inhalte zu versenden, dann kann auch ein täglicher Newsletter durchaus im grünen Bereich der Häufigkeit sein. Wenn dieser spannend genug ist, warten Ihre Empfänger bereits voller Vorfreude oder Spannung auf ihn.

Die Häufigkeit hängt daher einzig von der Frage ab: Wie oft schaffen Sie es, wirklich gute Inhalte für Ihre Leserschaft zu produzieren? Und das wiederum ist eine Frage Ihrer Kreativität und Ihrer zeitlichen Ressourcen. Natürlich hängt es auch mit Ihrem Business zusammen, wie oft es wirklich Neues zu berichten gibt.

Wenn Sie Experte oder Expertin für Wertpapierinvestitionen sind, dann kann es absolut Sinn machen, täglich oder sogar mehrmals am Tag einen Newsletter zu verschicken, um Ihren Lesern die jeweils aktuellsten und heißesten Tipps zu geben. Bei einem Friseur wäre diese Frequenz schon eine echte Herausforderung.

Täglich tolle Beiträge zu verschicken, ist – offengesagt – in den meisten Fällen eine riesige Aufgabe und auch gar nicht nötig. Die meisten (wie ich selbst auch) sind durchaus gefordert, einmal pro Woche einen guten Newsletter zu verschicken.

Obwohl die Frequenz also sehr relativ ist und von den erwähnten Faktoren abhängt, gibt es dennoch Richtwerte dafür. Das – aus meiner Sicht – absolute Minimum ist ein monatlicher Newsletter. Wenn Sie Ihren Newsletter seltener verschicken, wird er wahrscheinlich nicht mehr als regelmäßiger Newsletter wahrgenommen.

Ich persönlich würde für die meisten Branchen und Geschäftsmodelle einen wöchentlichen Newsletter empfehlen. Das ist nicht immer einfach, aber bewältigbar.

Wann soll ich meinen Newsletter verschicken?

Gibt es Zeiten, zu denen es besser ist, den Newsletter zu verschicken, um eine höhere Öffnungsrate bzw. Klickrate zu erreichen? Ja, die gibt es ganz sicher. Doch gleichzeitig kann ich Ihnen diese nicht nennen, da diese Zeiten von Branche zu Branche und von Zielgruppe zu Zielgruppe recht unterschiedlich sein können bzw. auch sind.

Newsletter, die an Privatpersonen gesendet werden, könnten gerade am Wochenende, wenn die Leser Freizeit haben, gelesen werden – vor allem dann, wenn es um nicht berufliche Themen geht. Handelt es sich bei Ihrem Newsletter aber um einen mit rein geschäftlichen Themen und Inhalten und schicken Sie diesen an Angestellte, dann ist es wahrscheinlich besser, ihn unter der Woche zu verschicken.

Es gibt daher keine allgemeingültige Regel, was den richtigen Zeitpunkt für den Versand betrifft. Aber Sie können es für sich selbst herausfinden, indem Sie Folgendes machen:

1. Denken Sie darüber nach, welche Wochentage und Tageszeiten für den Versand Ihres Newsletters passen könnten, indem Sie die Wochenabläufe Ihrer Leser im Auge haben. Haben Ihre Leser z. B. am Montagvormittag typischerweise Meetings? Sind sie am Freitag ab 14 Uhr nicht mehr im Unternehmen anzutreffen? Sprechen Sie mit ein paar Ihrer Adressaten oder machen Sie eine kleine Umfrage,

im Rahmen derer die Teilnehmer ideale Versandtage und Uhrzeiten wählen, aber auch die besonders ungeeigneten markieren können.

2. Werten Sie diese Ministudie aus und wählen Sie zwei bis drei favorisierte Zeitfenster aus.

3. Testen Sie diese Favoriten, indem Sie ein und denselben Newsletter jeweils an die Hälfte bzw. ein Drittel Ihrer Adressaten zu den jeweiligen Zeitpunkten versenden. Vergleichen Sie die Öffnungsraten. Entscheiden Sie sich dann für den Versandtermin mit der besten Performance. Das macht allerdings nur dann Sinn, wenn Sie bereits viele Empfänger auf Ihrer Liste haben.

Der Facebook-Trick

Wenn das nicht der Fall ist, dann können Sie sich eines Tricks bedienen: Checken Sie auf Facebook, so Sie eine Seite mit einer gewissen Anzahl von Followern haben, wann diese aktiv sind. Wenn Ihre Followerschaft noch nicht so groß ist, schalten Sie eine Anzeige. Auch dort erhalten Sie Informationen zur Aktivität Ihrer Zielpersonen. Es wird Ihnen recht genau angezeigt, zu welchen Tageszeiten und auch an welchen Wochentagen Ihre Kontakte auf Facebook aktiv sind.

Wenn wir unterstellen, dass sich diese zu jenen Tagen und Zeiten auch die Zeit nehmen, um einen Blick in Ihren Newsletter zu werfen, können Sie so einen guten Versandtag und -zeitpunkt festlegen.

Ihre Webseite als Indiz

Auch die Zugriffszahlen auf Ihrer Webseite können Sie als Richtwert heranziehen, nachdem sich die Inhalte Ihrer Webseite zumindest grob thematisch in Ihrem Newsletter wiederfinden werden.

Ob allerdings der Versandzeitpunkt, den Sie mit der einen oder anderen Methode festlegen, der perfekte ist, werden Sie vermutlich nie wissen. Viel wichtiger als endlos am perfekten Versandzeitpunkt zu tüfteln, ist es, attraktive Inhalte zu liefern. Investieren Sie Ihre Zeit besser dort.

Regelmäßigkeit ist entscheidend

Was allerdings sehr wichtig ist: Versenden Sie Ihren Newsletter regelmäßig. An welchem Tag und zu welcher Zeit Sie das auch tun mögen – Hauptsache, es ist immer derselbe Tag und derselbe Zeitpunkt. Menschen sind es aus anderen Medien gewohnt, dass gewisse Dinge immer zur selben Zeit stattfinden. Die Tagesschau z. B. ist auch nicht einmal um 18 Uhr, einmal um 19 Uhr und einmal um 19:13 Uhr, sondern – je nach Sender – immer zur selben Zeit. So gewöhnen sich Ihre Leser viel leichter und besser daran, Ihren Newsletter zu erhalten, zu öffnen und zu lesen.

Ebenso entscheidend ist die Regelmäßigkeit in der Frequenz. Wenn Sie sich für einen wöchentlichen Newsletter entschieden haben, dann wird dieser jede Woche verschickt – egal ob Sie auf Urlaub oder krank sind oder einmal keine Lust haben, einen zu verfassen.

Um solchen Problemen vorzubeugen, kann es durchaus Sinn machen, einen oder sogar mehrere Newsletter vorzuschreiben und sogar die Veröffentlichung in Ihrer E-Mail-Software bereits fix einzuprogrammieren. Das Problem, dass Sie vielleicht einmal keine Idee haben, was sie hineinschreiben sollen, wird ja in weiterer Folge in diesem Buch gelöst.

Mein Newsletter wird zum Beispiel jede Woche am Donnerstag um 10 Uhr verschickt. Ich erlaube mir nur zu Weihnachten ein bis zwei Wochen Pause, da es ein Business-Newsletter ist und in dieser Zeit das Geschäft für viele keine Priorität hat.

Was ist, wenn sich Abonnenten abmelden?

Als ich begonnen habe, regelmäßig Newsletter zu schreiben, hatte ich zuerst einen zweiwöchentlichen Rhythmus. Unter anderem auch aus dem Grund, dass ich akribisch analysiert habe, wie viele Abonnenten sich bei jeder Aussendung aus meiner Liste ausgetragen haben. Und ja, da gab es jedes Mal ein paar. Speziell bei einem noch kleinen Verteiler sind „ein paar" schon schmerzhaft viele. Daher war meine – zwar logische, aber geschäftlich sehr unintelligente – Überlegung jene, dass sich weniger Abonnenten austragen würden, wenn ich den Newsletter seltener verschicke. Und ja, diese Überlegung ist korrekt. Die wenigsten Abonnenten tragen sich übrigens aus, wenn Sie niemals einen Newsletter verschicken. Dass das allerdings keine zielführende Strategie ist, brauche ich – denke ich – nicht weiter zu erläutern.

Irgendwann habe ich mir dann ein Herz gefasst und auf einen wöchentlichen Newsletter umgestellt. Das Ergebnis: Es haben sich mehr Leser ausgetragen (absolut betrachtet zumindest), aber es haben auch mehr Leser (auch in absoluten Zahlen) meinen Newsletter gelesen – ca. doppelt so viele.

Gleichzeitig habe ich damit leben gelernt, dass sich Menschen aus meinem Newsletter austragen. Heute beachte ich nicht einmal mehr, wie viele sich austragen, sondern richte meinen Fokus darauf, möglichst viele neue Leser zu gewinnen. Und genau das empfehle ich Ihnen auch zu tun.

Ergebnisse der Studie: Warum melden sich Leser ab?

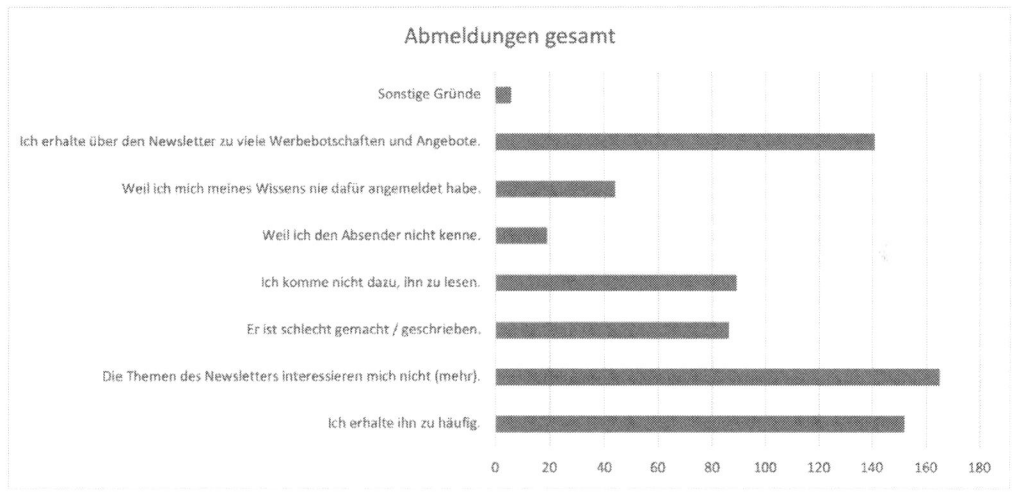

Abmeldungen gesamt

Leser, die sich austragen, können dafür unterschiedlichste Gründe haben. Sie erinnern sich, auch diese Frage habe ich im Rahmen meiner Ministudie gestellt. Was sind die Ergebnisse?

Bei den Abmeldegründen für einen Newsletter gibt es drei Gründe, die ähnlich wichtig sind (und jeweils von 60 bis 70 % aller Befragten genannt wurden):

- „Ich erhalte über den Newsletter zu viele Werbebotschaften und Angebote."
- „Die Themen des Newsletters interessieren mich nicht (mehr)."
- „Ich erhalte ihn zu häufig."

Aufgeteilt nach Selbstständigen und Angestellten zeigt sich folgendes Bild:

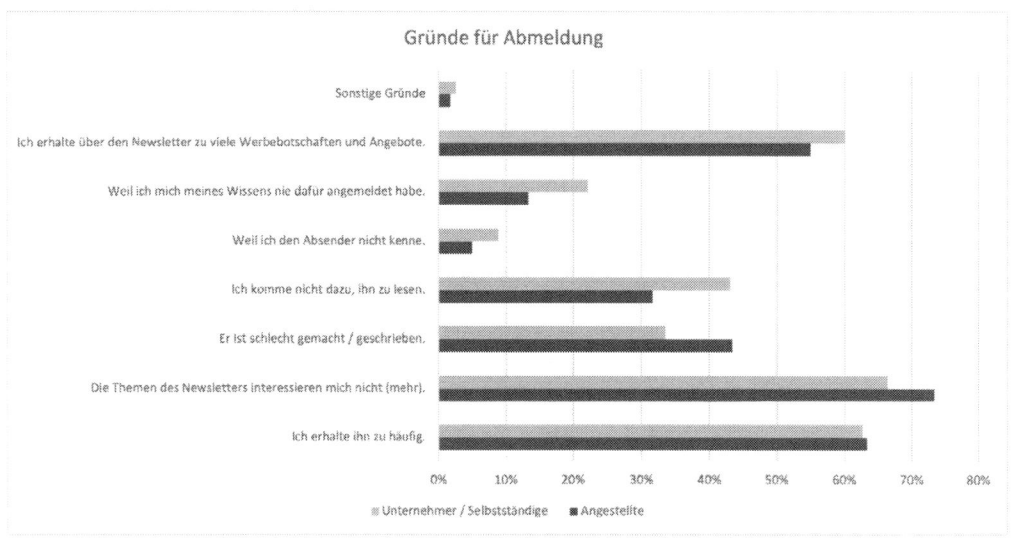

Betrachtet man Männer und Frauen getrennt, was die Gründe, sich von einem Newsletter abzumelden, betrifft, so zeigt sich folgendes Bild:

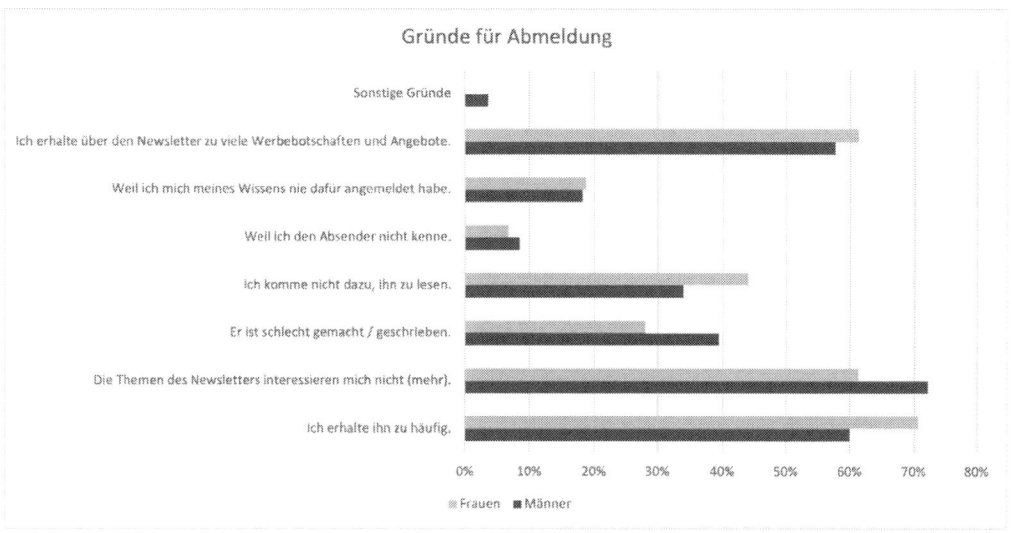

Alles in allem sind die Gründe, sich von einem Newsletter anzumelden, recht ähnlich – egal nach welchen Teilzielgruppen analysiert wird.

Sie haben den Job gewechselt und sind daher an Ihren Themen nicht mehr interessiert. Oder sie haben festgestellt, dass Ihr Newsletter zwar interessant ist, sie aber nicht dazu kommen, diesen zu lesen. Gründe kann es viele geben. Auch jenen, dass sie von Ihrem Newsletter und seiner „hohen Frequenz" genervt sind. Auch das ist in Ordnung. Genau dafür gibt es eine Abmeldemöglichkeit.

Diejenigen, die sich austragen, hätten vermutlich in weiterer Folge ohnehin nichts bei Ihnen gekauft.

Ich würde sogar so weit gehen, zu sagen, dass Sie Ihren Newsletter nicht oft genug verschicken, wenn sich kaum jemand oder gar niemand austrägt.

Genauer hinsehen und die Gründe analysieren sollten Sie nur, wenn die Abmeldungen deutlich steigen und zu viele werden. Ansonsten sind Abmeldungen ganz normal und eines der natürlichsten Dinge im Zusammenhang mit Ihrem Newsletter.

Es ist besser, Ihren Newsletter an weniger Adressaten zu verschicken, wenn diese dafür interessierter an dem sind, was Sie an Inhalten und in weiterer Folge auch an Produkten und Dienstleistungen zu bieten haben. Die Öffnungs- und Klickraten werden dadurch besser und Sie sparen gegebenenfalls auch Kosten, was die Abogebühr der Newsletter-Software betrifft, die Sie nutzen. Letztlich zahlen Sie für jede „Adressleiche" in Ihrem Verteiler unnötigerweise Geld.

Wie lang sollen meine Newsletter sein?

Mit der Länge Ihres Newsletters verhält es sich im Prinzip genauso wie mit der Häufigkeit des Versandes. Zu lange Newsletter gibt es nicht, wohl aber zu uninteressante. Das bedeutet, wenn Sie es schaffen, den Newsletter so spannend bzw. unterhaltsam oder sonst wie wertvoll zu gestalten, dass Ihre Leser jede Zeile förmlich aufsaugen und jede folgende sehnsuchtsvoll erwarten, ist er niemals zu lang. Natürlich liegt diese Latte sehr hoch (daher auch meine etwas literarisch vollmundige Formulierung).

Pragmatisch betrachtet sind zwei Faktoren dabei zu beachten: die Länge des Textes und die Anzahl der Punkte bzw. Themen. Ich selbst habe meinen Newsletter früher, wie erwähnt, alle zwei Wochen verschickt. Dadurch war er länger und enthielt mehr Themen. Ich schrieb auch damals bereits jede Woche einen Blogbeitrag, den ich im Newsletter anteasere. Zusätzlich hatte ich noch weitere Themen, die ich in den Newsletter verpackt habe. Es waren dann oft bis zu fünf Themen untereinander. Die Klickraten haben von oben nach unten dramatisch abgenommen. Der letzte Punkt hatte kaum eine Chance, geklickt zu werden.

Ich habe dann auf den wöchentlichen Newsletter umgestellt, damit jeder Blogbeitrag, den ich verschicke, auch entsprechende Aufmerksamkeit erhält. Die dadurch steigende Zahl von Abmeldungen nehme ich nicht nur in Kauf, sondern ich sehe diese auch – wie oben beschrieben – als durchaus gesunden Bereinigungsprozess.

Wie sollte mein Newsletter gestaltet sein?

Bei der Gestaltung Ihres Newsletters gibt es ein paar grundlegende Entscheidungen zu treffen, die auch stark von Ihrem Business abhängen. Wenn Sie z. B. vor allem einen Onlineshop betreiben und Ihre Newsletter-Empfänger regelmäßig auf neue Produkte, Angebote oder Schnäppchen per E-Mail aufmerksam machen wollen, wird Ihr Newsletter völlig anders gestaltet sein, als wenn Sie eine Expertin für Stressreduktion sind und einen regelmäßigen Blog schreiben, den Sie per Newsletter verteilen.

Dabei gibt es aus meiner Sicht weder gut noch schlecht, sondern einfach nur passend zu Ihren Zielen und Ihrem Business. Ob die Gestaltung des Newsletters gut oder schlecht ist, bemisst sich letztlich an den Kennzahlen – vor allem der Öffnungsrate und der Klickrate. Im Zweifelsfall ist der Weg immer jener, zu machen, dann zu analysieren und gegebenenfalls zu ändern, dann wieder zu machen und die Ergebnisse zu vergleichen. Das gilt letztlich für alles beim Newsletter – die Gestaltung, die Betreffzeilen, die Überschriften, die Bilder und auch die Versandzeitpunkte.

Dennoch möchte ich Ihnen an dieser Stelle ein paar grundlegende Gestaltungsmöglichkeiten vorstellen, die Sie in die Überlegungen für Ihren Newsletter einfließen lassen können.

Langer Text oder Teaser

Eine Entscheidung, die Sie z. B. zu treffen haben, ist die, ob Sie einen langen Text – einen kompletten Blogartikel etwa – in den Newsletter packen oder diesen Text nur anteasern. Unter einem Teaser verstehe ich in diesem Zusammenhang einen kurzen Text zum Thema des Blogposts, der den Leser neugierig auf den kompletten Beitrag macht und ihn veranlasst, den Link zu Ihrem Blog zu klicken.

Ich persönlich nutze die Teaser-Variante. Das hat mehrere Vorteile:

- Die Leser kommen auf Ihre Webseite (was ein ganz wesentliches Ziel für die meisten Newsletter-Versender ist).

- Der Newsletter ist ganz rasch und einfach zu verfassen (das dauert bei mir ca. 10 Minuten).

- Sie können so jene Empfänger herausfiltern, die an dem Beitrag interessiert sind (weil diese ja geklickt haben) und diesen Lesern ganz gezielt noch weitere Informationen zu dem Thema schicken.

- Für die Gestaltung eines langen Texts bieten sich auf Ihrer Webseite viel bessere Möglichkeiten als im Rahmen Ihres Newsletters, da Sie wenig Kontrolle darüber haben, wie Ihr Newsletter Ihrem Empfänger angezeigt wird. Je nach Softwareumgebung des Empfängers sieht das Schreiben auf seinem Bildschirm bisweilen völlig anders aus, als Sie es in Ihrer Newsletter-Software gestaltet haben.

Generell würde ich meinen, dass in Bezug auf Newsletter Teaser oder kürzere Texte empfehlenswerter sind. Was aber nicht bedeutet, dass Sie nicht mit sehr langen Texten (die, wie erwähnt richtig gut sind) punkten und Ihre Leserschaft begeistern können.

Kopie oder eigenständige Inhalte

Eine weitere Frage, die Sie in Bezug auf Ihren Newsletter beantworten müssen, ist jene, ob Sie eigens für den Newsletter separate Inhalte verfassen oder – wie ich in den meisten Fällen – auf bestehende Inhalte aus Ihrem Blog, Podcast, Shop oder auch Büchern zurückgreifen und den Newsletter nur nutzen, um auf diese aufmerksam zu machen. Beides ist möglich und kann durchaus Sinn machen. Separate Inhalte eigens für den Newsletter zu verfassen, ist natürlich aufwendiger.

Auch eine Art Mischform ist denkbar. Was ich damit meine, lässt sich vielleicht anhand meines eigenen Newsletters gut demonstrieren. In meinen Blogbeiträgen geht es um fachlich-sachliche Tipps rund um die Themen Verkauf, Marketing und Unternehmertum. So wäre es denkbar und auch sehr sinnvoll, im Newsletter eine Geschichte zu erzählen, die zu dem Blogbeitrag, der promotet werden soll, passt und zu diesem gedanklich hinführt. Der Text im Newsletter wäre so ein wahrscheinlich mittellanger, aber eigenständiger Text. Der Aufwand dafür ist höher, aber möglicherweise wirkt sich das auch positiv auf die Klickraten aus. Menschen mögen Geschichten.

Anzahl und Anordnung der Beiträge

Was die Anzahl der Beiträge angeht, habe ich weiter vorne bereits erwähnt, dass weniger mehr ist. Die wenigen Beiträge erhalten mehr Aufmerksamkeit und werden in der Summe öfter geklickt und gelesen.

Auch die physische Anordnung im Newsletter ist von Bedeutung. Alles, was Sie so anordnen können, dass Ihre Leser möglichst wenig bzw. idealerweise gar nicht scrollen müssen, wird leichter erfasst und öfter gelesen. Daher kann es Sinn machen, die Teaser kürzer zu gestalten und gegebenenfalls zwei nebeneinander statt untereinander zu platzieren.

Ich selbst habe normalerweise einen kurzen Teaser zum aktuellen Blogbeitrag und einen Hinweis auf die aktuelle Podcastfolge in meinem Newsletter. Manchmal verweise ich auch noch auf ein Buch. Mehr als drei Themen gibt es in einem meiner Newsletter so gut wie nie.

Bilder oder nur Text

Auch die Frage, ob Sie nur Text in Ihrem Newsletter verwenden oder diesen mit Bildern oder sogar Videos ergänzen, stellt sich. Durch Bilder werden Formatierung und Layout komplexer und die Gefahr, dass Ihr Newsletter beim Empfänger nicht so angezeigt wird, wie Sie das geplant hatten, steigt. Wenn Sie Bilder verwenden, dann lautet die einfache Faustregel, dass Sie diese so verwenden, dass sie nicht fehlen, wenn Sie nicht angezeigt werden sollten. Grundsätzlich behaupte ich auch in diesem Punkt, dass weniger nicht immer, aber oft mehr ist.

Wenn Sie komplexe Layouts mit Bildern und Texten, die nebeneinander stehen bzw. ineinander verschachtelt sind, nutzen, sollten Sie einen Profi für den Technikaspekt heranziehen – in diesem Buch geht es ja vor allem um die inhaltliche Seite Ihres Newsletters.

(Auch) Verkauf oder nur Information

Wollen Sie mit Ihrem Newsletter primär verkaufen oder vor allem informieren? Wenn Sie, wie in dem weiter vorne angeführten Beispiel, einen Onlineshop betreiben und per Newsletter über aktuelle Angebote informieren, also einen reinen Verkaufsnewsletter betreiben, ist das durchaus sinnvoll.

Wenn Sie mit Ihrem Newsletter allerdings in erster Linie Ihre Expertise stärken wollen, dann empfiehlt es sich, den Schwerpunkt der Inhalte in Ihrem Newsletter auf nutzenbringende Informationen zu setzen. Natürlich können Sie auch Verkaufsangebote über den Newsletter machen – das sollten Sie sogar unbedingt – allerdings im ausgewogenen Verhältnis zu den hilfreichen Informationen. Ein solches Verhältnis könnte etwa 4:1 sein – vier Informationsschwerpunkte zu einem Verkaufsschwerpunkt. Dieses Verhältnis ist allerdings keineswegs in Stein gemeißelt.

Es gibt Newsletter, die 10 oder gar 20:1 arbeiten und andere, die 1:1 pflegen. Letztlich müssen Sie für Ihren Newsletter und Ihre Zielgruppe das passende Verhältnis finden. Grundsätzlich sollten Sie Ihren Newsletter allerdings nicht primär als kostenlose Möglichkeit betrachten, um Ihre Werbe- und Verkaufsbotschaften zu verteilen.

Persönlich oder sachlich

Auch die Frage, ob Sie einen persönlichen oder einen sachlichen Newsletter schreiben, gilt es zu beantworten.

Die Antwort darauf hängt auch mit der Art Ihres Geschäftes zusammen. Ein mittleres oder größeres Unternehmen wird üblicherweise einen eher sachlichen Newsletter schreiben, wenngleich es auch hier Ausnahmen geben kann. Ein Newsletter, mit dem der CEO eines Konzerns sehr persönlich gehaltene Informationen und Nachrichten an die Investoren, die Kunden oder die interessierte Öffentlichkeit verschickt, ist durchaus vorstellbar.

Häufiger anzutreffen ist allerdings die Version, bei der die Marketingabteilung oder eine PR-Agentur einen sachlich gehaltenen Unternehmensnewsletter verschickt, bei dem der CEO maximal ein kurzes Vorwort schreibt.

Beides kann funktionieren, wenngleich Sie mit einem persönlichen, bisweilen sogar sehr persönlichen Newsletter Ihre Leser wahrscheinlich leichter erreichen und einen echten Kontakt zu ihnen herstellen können. Mit einem klassischen Konzern-Newsletter ist das schwierig.

Vor allem dann, wenn Sie ein Expertenbusiness haben (also Ihr Know-how oder Ihre Dienstleistung als Experte verkaufen), würde ich Ihnen definitiv zu einem eher persönlich gehaltenen Newsletter raten. Dabei müssen Sie nicht Ihr Innerstes nach außen kehren. Wie viel Sie dabei von sich preisgeben, entscheiden Sie ganz alleine. Doch stelle ich fest, dass es viele Leser interessant finden, mehr vom Experten zu erfahren – auch ein paar persönliche, vielleicht private Details. Manche lesen Ihren Newsletter vielleicht gerade deshalb.

Per Du oder per Sie

Die Frage „per Sie" oder „per Du" ist eine, die sich nicht erst im Rahmen Ihres Newsletters stellt, sondern bereits auf Ihrer Webseite und auch in Ihren Social-Media-Auftritten. Sie ist nicht immer ganz leicht zu beantworten, wie ich anhand meines eigenen Beispiels skizzieren möchte.

Vorweg – meinen Newsletter schreibe ich in der Sie-Form. Das vor allem auch deshalb, weil ich in meinem Verteiler Entscheider in großen Unternehmen wie auch viele Selbstständige habe. Wenn es nur um die Selbstständigen ginge, würde ich wahrscheinlich die Du-Form wählen (unter Kollegen sozusagen), den Entscheidern in Großbetrieben gegenüber möchte ich allerdings mit dem Du nicht unhöflich erschienen.

Wenn Ihr Verteiler „sauberer" ist als meiner und Sie nur eine Kernzielgruppe darin haben, ist die Entscheidung einfacher zu treffen. Darüber hinaus gibt es Branchen, in denen das Du gepflegt wird. Auch die Geografie spielt eine Rolle. Im österreichischen Tirol duzen sich auch Fremde sehr viel schneller als in Wien oder Hamburg.

Sie oder Du hängt auch wieder ein wenig mit Ihren Inhalten zusammen. Dieses Buch hier z. B. ist ein recht sachlicher Ratgeber und daher in der Sie-Form geschrieben. Ich habe aber auch schon Bücher geschrieben – im Bereich Persönlichkeitsentwicklung – in denen ich meine Leser persönlicher ansprechen wollte und daher duze.

Sollte mein Newsletter überhaupt Newsletter heißen?

Wenn Sie Menschen fragen, dann gewinnen Sie ganz rasch den Eindruck: Niemand mag Newsletter. Quasi alle fühlen sich genervt, zugeschüttet und vollgespammed. Wie bereits zu Beginn des Buches erwähnt, bedeutet das aber offensichtlich nicht, dass Newsletter nicht gelesen werden.

Dennoch empfehle ich Ihnen, diese Sichtweise insofern zu berücksichtigen, dass Sie Ihren Newsletter nicht „Newsletter" nennen. Damit wird die Assoziation, Ihren Newsletter mit Spam in Verbindung zu bringen, zwar nicht ganz verhindert, aber doch erschwert. Sie können ihn allein schon dadurch aufwerten, dass Sie ihn nicht als „Newsletter" bezeichnen. Die Frage ist, wenn Ihr Newsletter nicht „Newsletter" heißen soll, wie soll er stattdessen heißen?

Bevor wir uns mit Antworten auf diese Frage beschäftigen, würde ich gerne einen Schritt zurückgehen, um das Thema in einem größeren Zusammenhang zu betrachten.

Ihr Newsletter ist ein Produkt. Ein kostenloses Produkt in den meisten Fällen (es gibt auch kostenpflichtige Newsletter), aber dennoch ein Produkt – genauso wie ein Auto, ein Computer, eine Zeitung oder ein Seminar. Und wenn Sie es als solches betrachten, dann werden einige Dinge selbstverständlich, an die Sie sonst vielleicht gar nicht gedacht hätten.

Produkte haben Namen. Kein Zeitungsverlag (und Ihr Newsletter ist quasi eine kurze, digitale Zeitung) würde auf die Idee kommen, sein täglich erscheinendes Blatt einfach nur „Tageszeitung" zu nennen. Zumindest ein Ortsname (wie Berliner Tageszeitung) wird im Normalfall hinzugefügt. Kein Autohersteller würde sein neues Modell einfach nur als „Neues Auto" launchen (ganz abgesehen davon, dass man dann die vielen Autos der verschiedenen Hersteller nicht mehr namentlich unterscheiden könnte). Doch Produkte haben nicht nur Namen, sondern auch Logos, bestimmte Farben, Schriftarten etc.

Wenn Sie also an Ihren Newsletter denken, orientieren Sie sich an Markenprodukten. Sie sollten für Ihren Newsletter Folgendes haben:

- einen Namen,
- ein Logo, gegebenenfalls in Verbindung mit einem Bild,
  das Sie als Header (ganz oben im Newsletter) verwenden,
- bestimmte Farben, die Sie verwenden,
- bestimmte Schriftarten,
- vielleicht sogar einen typischen Schreibstil.

Diese Elemente machen Ihren Newsletter in den Augen Ihrer Leser zu einem Markenprodukt. Er gewinnt dadurch an Wert und Attraktivität.

Dabei geht es allerdings nicht nur um den bereits versandten Newsletter, sondern vor allem auch um die Situationen bzw. Stellen in Ihren Online-Auftritten, an denen die Besucher dazu animiert werden sollen, Ihren Newsletter zu abonnieren. Und unter uns gesagt, einen Newsletter mag – ob der genannten negativen Assoziationen – kaum jemand abonnieren.

Da müssen Sie sich schon etwas Besseres einfallen lassen, um möglichst vielen Besuchern ihre E-Mail-Adressen zu entlocken.

Oder doch persönlicher

Wie so oft im Geschäft und im Leben kann auch das genaue Gegenteil Sinn machen. Wenn Sie Ihren Newsletter sehr persönlich halten und den Eindruck vermitteln wollen, dass Sie Ihrem Leser einen persönlichen Brief schreiben, sollten Sie gezielt alles, was nach Marke aussieht (Logo, Header, Bezeichnung des Newsletters) weglassen. Auch das ist eine sinnvolle Strategie für manche. Entscheidend ist letztlich, dass Sie eine bewusste Entscheidung treffen, was das Erscheinungsbild und die geplante Wirkung Ihres Newsletters betrifft.

Alternative Bezeichnungen für Newsletter

Wie also können Sie Ihren Newsletter nennen, wenn er nicht Newsletter heißen soll? Was naheliegt, ist, sich an Bezeichnungen von Printmedien – Zeitungen und Zeitschriften – zu orientieren. Diese werden von Menschen gekauft und bezahlt (die meisten zumindest) und sind daher in den Köpfen der Menschen wertvoller besetzt als alles, was digital und meist gratis ist. Es kann sich aber auch um vollkommen frei erfundene Namen handeln. Achten Sie dabei allerdings darauf, schwierige Worte (schwer zu merkende bzw. schwer auszusprechende) zu vermeiden und den Namen eher kurz zu halten. Anglizismen oder Fachausdrücke halte ich für in Ordnung, wenn Ihre Leser diese verstehen.

Ein paar Ideen dazu anhand des Beispiels eines Newsletters, den ein Finanz-berater verschicken könnte. Die fett gedruckten Worte sind jene, die Sie auch für Ihren Newsletter nutzen können, wenn Sie kein Finanzberater sind.

- Investment **Bulletin**
- Die Börse – **täglich**
- Daily Market **Update**
- Wertpapier **Magazin**
- Der Finanz**bote**
- Vermögens*tagebuch*
- Aktien**trends**
- Der Vermögens**ratgeber**
- Die Edelmetall-**Hotline**
- Immobilien Preis**report**
- Anleihen **Insider**
- Solide Werte **Update**
- Investment **Hot Spots**
- Die Silber **Gazette**
- Money **Times**
- Vermögens**brief**
- Der Geld**kurier**
- Die Geld**press**e

- **Daily** Trader
- Geld**signale**
- Kauf**signale**
- Börsen**geflüster**
- Der Immobilien **Investor**
- Der **Alarm**
- Geld**gerüchte**
- Money **Talks**
- Ihr Gewinn
- Reich in Rente
- Der passive Investor
- Rendite
- Vermögens**zuwachs**
- Geld**wachstum**
- Sicher investieren
- **Ertragreich** investieren
- Investment **Club**
- Kaufen, verkaufen, halten

Natürlich passen nicht alle diese Titel für alle Finanzberater. Der Newsletter muss dann auch halten, was der Titel – vielleicht etwas vollmundig (das ist ok) – verspricht.

Wie Sie vielleicht bemerkt haben, können (und sollten) Sie auch hier auf die Bedürfnisse und Motive Ihrer Zielgruppe achten. „Sicher investieren" (Sicherheit) spricht andere Bedürfnisse als „Ertragreich investieren" (Gewinn erzielen) und „Investment Club" (Verbundenheit mit anderen) an.

Um Ihnen die Suche nach einem passenden Namen für Ihren Newsletter noch weiter zu erleichtern, finden Sie im Ressourcenbereich zum Buch eine Liste von Links zu speziellen Seiten und Beiträgen, die sich mit dem Thema intensiv auseinandersetzen und viele Beispiele liefern. Die meisten davon sind zwar auf Englisch, dennoch denke ich, dass sich einiges davon recht einfach ins Deutsche transferieren lässt. Außerdem sind auch englische Bezeichnungen für Ihren Newsletter in vielen Bereichen für Ihre Leser gut verständlich und somit absolut im grünen Bereich.

Es wird darin teilweise auch auf Namen-Generatoren (kleine Programme) verwiesen, die Namensvorschläge auf Basis Ihrer Eingaben produzieren und Ihnen damit sogar einen Teil der Kreativarbeit abnehmen.

Was schreibe ich in die Betreffzeile meines Newsletters?

Noch wichtiger als der Name für Ihren Newsletter ist das, was Sie in die Betreffzeile schreiben. Diese paar wenigen Worte entscheiden in einem hohen Ausmaß darüber, ob Ihr Newsletter geöffnet bzw. überhaupt wahrgenommen wird. Die Betreffzeile ist – neben dem Absender – das Erste und teilweise auch das Einzige (abhängig von den Einstellungen des E-Mail-Programms des Empfängers), was Ihre Leser wahrnehmen.

Es macht daher viel Sinn, dem Thema „Betreffzeile" beim Verfassen Ihres Newsletters Zeit und Gehirnschmalz zu widmen. Oft wird viel Arbeit in den Inhalt eines Newsletters gesteckt, nur um dann – das Ende in Sicht – schnell noch eine Betreffzeile zu texten. Das weiß ich deshalb, weil ich mich in diesem Punkt – immer wieder – selbst schuldig im Sinne der Anklage bekenne. Das ist schade, weil dadurch viel von dem Potenzial, das Ihr Newsletter hat, genommen wird.

Im Vergleich zum Finden eines passenden Namens für Ihren Newsletter ist das Texten der Betreffzeile insofern sehr viel aufwendiger und schwieriger, weil Sie den Namen nur ein einziges Mal zu finden brauchen, eine exzellente Betreffzeile aber jede Woche aufs Neue texten müssen.

Um Ihnen die Ernsthaftigkeit des Themas nahezubringen ... Ich habe von so manchen Newsletter-Profis auch schon die Empfehlung gehört, der Betreffzeile eine ganze Stunde Kreativzeit zu widmen, viele Varianten zu produzieren, davon dann zwei auszuwählen und jene im Splittest gegeneinander antreten zu lassen.

Wenngleich mir bewusst ist, dass das nicht immer umgesetzt wird bzw. werden kann, kann ich den Tipp absolut unterstreichen. Um Ihnen und nicht zuletzt auch mir selbst für meinen Newsletter das Leben in diesem Punkt massiv zu erleichtern, habe ich eine lange Liste von Ideen für Betreffzeilen zusammengestellt, die Sie im Ressourcenbereich zum Buch downloaden können.

Darin finden Sie aber nicht nur zahllose Vorschläge für Betreffzeilen, sondern sehr viel mehr. Hinter den meisten Vorschlägen verbirgt sich ein Konzept, das Sie auf alle möglichen Arten von Betreffzeilen und immer wieder anwenden können.

Ein einfaches Beispiel dazu, um das anschaulich zu erklären:

- Die ... (Zahl) ... (Eigenschaftswort) Tipps (Ideen, Strategien, Taktiken, Techniken, Varianten) für ... (Thema)

Das ist noch keine Betreffzeile, aber eine Formel dafür. Aus dieser Formel könnten z. B. folgende Betreffzeilen entstehen:

- Die 6 eigenartigsten Tipps für mehr Spaß beim Sex
- Die 3 entscheidenden Strategien für deutlich mehr Umsatz
- Die 7 ausgefallensten Varianten, sich für eine Verspätung zu entschuldigen
- Die 4 unverzichtbaren Tipps für ein perfektes Steak
- Die 8 wirksamsten Tipps für spannende Betreffzeilen

Die Formel ist für alle möglichen Themen, Branchen und Bereiche einsetzbar. Es gibt eine Vielzahl solcher Formeln für Betreffzeilen, die Ihnen die kreative Arbeit sehr erleichtern. Nebenbei können Sie einige davon auch für Überschriften aller Arten einsetzen.

Holen Sie sich die komplette Liste mit besten Formeln für Ihre klickstarken Betreffzeilen kostenlos im Ressourcenbereich zu diesem Buch.

Was schreibe ich in die Betreffzeile meines
Newsletters?

Teil 2 –
52 Konzepte
für Newsletter,
die gelesen
werden

Nachdem wir die allgemeinen, aber grundlegend wichtigen Themen für Ihren Newsletter nun besprochen und geklärt haben, wenden wir uns im zweiten Teil des Buches den im Titel versprochenen Konzepten für den Inhalt Ihres Newsletters zu. Auf den nächsten Seiten finden Sie die Antwort auf die Frage „Was soll ich bloß in meinen Newsletter schreiben?".

Denken und schreiben Sie in Serien

Dabei gibt es eine Vorgehensweise, die Ihnen das konsequente und regelmäßige Schreiben Ihrer Newsletter sehr viel leichter macht: Schreiben Sie Ihren Newsletter in Serien. Das hat den Vorteil, dass Sie nur einmal eine grundlegende Idee haben (oder aus den folgenden in diesem Buch auswählen) und daraus ein Konzept machen müssen, von der/dem sie lange zehren können.

Serien können zweierlei sein:

- Eine Story (im weitesten Sinne), die Sie auf kleine Häppchen herunterbrechen und daraus viele Folgen Ihres Newsletters machen.
So könnte etwa der Fremdenverkehrsverband Spaniens einen Newsletter zum Jakobsweg machen, in dem ein virtueller Wanderer die Stationen abgeht und jeder Stopp den Inhalt für einen Newsletter liefert.

- Ein Thema, zu dem Sie verschiedenste Informationen und Tipps liefern. Verkaufstipps, Autos selbst reparieren oder auch Muskeln aufbauen – egal womit Sie sich beschäftigen, dieses Konzept lässt sich fast immer nutzen.

Wenn Sie zwei oder drei Themen pro Newsletter-Ausgabe haben, dann können Sie für jedes der Themen eine Serie machen.

Grundkonzepte

Ich habe die folgenden Konzepte zur leichteren Orientierung zu Überbegriffen/Gruppen zusammengefasst, die auch als Grundkonzepte bezeichnet werden können. Diese Gliederung ist wil kürlich von mir getroffen und auch nicht überschneidungsfrei. Sie könnten so manches Konzept durchaus auch einer anderen Gruppe zuordnen. Aber dennoch hoffe ich, dass sie hilfreich sind. Diese Grundkonzepte haben natürlich auch etwas mit den unterschiedlichen Motiven bzw. Kundennutzen zu tun, die wir in einem vorangehenden Kapitel ausführlicher besprochen haben.

Die Grundkonzepte sind:

- etwas lernen,
- informieren,
- etwas verschenken,
- etwas verkaufen,
- unterhalten.

Sie werden feststellen, dass sich aus manchen dieser Grundkonzepte leichter Serien machen lassen als aus anderen.

Konzepte,
die vor allem informieren

Ihre Leser zu informieren, ist eine der verbreitetsten Aufgaben von Newsletter. Oft geht es dabei um aktuelle News aus allen möglichen Bereichen, die Sie in Ihrem Newsletter kompakt aufbereitet – kommentiert oder auch nicht – zusammenfassen und so an Ihre Leser liefern. Dabei ist die tatsächliche Aktualität kein Muss. Genauso können Sie auch über vollkommen zeitlose Themen informieren.

#1 – Best of the week

Ein sehr schönes und abwechslungsreiches Konzept für Newsletter ist es, einmal pro Woche die Highlights und News der Woche zusammenzufassen. Voraussetzung dafür ist es, dass sich in dem Bereich, um den es in Ihrem Newsletter geht, auch Woche für Woche genug Berichtenswertes ereignet, um ihn damit zu füllen.

Die Art dieses Konzeptes bringt es mit sich, dass Sie dabei pro Newsletter nicht nur einen Beitrag verschicken (wie weiter vorne empfohlen). Das Interessante genau daran ist, dass Ihre Leser viele Beiträge in kurzer Form in Ihrem Newsletter finden.

Diese Art Newsletter hat schon beinahe etwas von einer digitalen Wochenzeitung.

Mögliche Anwendungsgebiete für dieses Konzept bzw. Beispiele könnten sein:

- Eine Gemeinde oder Stadt, die über die Ereignisse der abgelaufenen

Woche berichtet. Bei größeren Städten wären sogar mehrere, themenspezifische Newsletter denkbar (Umwelt, Bauen, Verkehr …).

- Eine Kirchengemeinde, die über wichtige Termine und Tage, Veranstaltungen, Geburten, Sterbefälle und Neuzugänge berichtet.

- Ein Journalist oder Politikberater, der seine Kommentare und Analysen zu den politischen Ereignissen der Woche nicht nur auf Social Media postet, sondern auch noch per Newsletter zusammenfasst.

- Ein großes Unternehmen, das seine Mitarbeiter über die wichtigsten Neuheiten aus allen Bereichen mittels eines firmeninternen Newsletters informiert.

Bei dieser Art von Newsletter empfiehlt es sich besonders, laufend alles zu sammeln, was einem zwischendurch ein- bzw. auffällt und eine Erwähnung im Newsletter wert sein könnte.

#2 – Best of Social Media

Eine – sehr zeitgemäße – Variante des „Best of the week"-Konzeptes ist es, sich ganz auf die sozialen Medien zu konzentrieren. Was wurde in den letzten sieben Tagen auf Facebook, Twitter, Instagram und Co. gepostet? Das kann einerseits Ihre eigenen Posts betreffen (und auch nur diese, wenn Sie das möchten) oder auch die Posts der Branche bzw. des Geschäftsfeldes, in dem Sie tätig sind.

Was „Best" ist, können dabei Sie selbst nach Ihren individuellen Maßstäben entscheiden oder anhand von Kriterien wie Shares (wie oft wurde der Beitrag geteilt), Likes oder Kommentare definieren.

Es ist auch möglich, dabei verschiedene Kategorien im Newsletter zu definieren, wie z. B.

- die meistgeklickten,
- die meistgeteilten,
- die meistgelikedten (oder die Zusammenfassung dieser drei Maßzahlen),
- die schönsten,
- die lustigsten,
- die dümmsten,
- die falschesten,
- die inhaltlich besten,
- die überraschendsten

… etc. Posts. So können Sie jede Woche auch einen Sieger (oder die drei Bestplatzierten) in jeder Kategorie küren und per Newsletter publizieren.

Wenn Sie aus einem bestimmten Grund einem bestimmten sozialen Medium näher sind als anderen, dann können Sie sich auch nur ganz auf dieses konzentrieren. Das könnte der Fall sein, wenn Sie etwa ausschließlich auf

Facebook tätig sind oder sich sogar als Facebook-Experte vermarkten, der anderen beibringt, wie Sie mit Facebook mehr Reichweite erreichen. Oder aber Sie decken mit Ihrem „Best of Social Media"-Konzept alle sozialen Kanäle ab, die Sie auch selbst bespielen.

Wenn Sie im Rahmen dieses Konzepts Bildschirmfotos nutzen, um die Posts, um die es geht, auch im Newsletter darzustellen (was vor allem bei Bildposts unumgänglich ist), müssen Sie natürlich sicherstellen, dass Sie das rechtlich sauber auch tun dürfen. Holen Sie sich im Zweifelsfall die Zustimmung ein. Das sollte in der Kategorie „inhaltlich bester Post" nicht schwierig sein, beim „dümmsten Post" ist das wahrscheinlich eine ganz andere Sache. Wie auch immer, wenn es um solche Themen geht: im Zweifelsfall mit Ihrem Anwalt abklären.

#3 – Zahlen, Trends und Statistiken

Was auch Sinn machen kann und gemacht wird, ist es, eine bestimmte Statistik bzw. bestimmtes Zahlenmaterial, das regelmäßig erstellt wird, per Newsletter an die Leserschaft zu kommunizieren. Dies ist ein sehr einfaches Konzept, weil Sie beim Erstellen Ihres Newsletters keinerlei Kreativität mehr benötigen. Die Arbeit liegt im Erstellen und Aufbereiten des Zahlenmaterials.

Gleichzeitig können es Zahlen sein, die Ihre Leserschaft bereits mit Spannung erwartet und so für hohe Öffnungs- und Klickraten sorgt.

Praktische Beispiele, bei denen dieses Konzept gut einsetzbar ist bzw. bereits eingesetzt wird, sind:

- Gesundheitsämter aller Arten, die die wöchentlichen durch Corona bedingten Infektions- und Sterbezahlen kommunizieren (ein in vielerlei Hinsicht trauriges Beispiel).
- Anlageberater, die die Entwicklung des eigenen Musterdepots den (potenziellen) Investoren mitteilen – übrigens oft in Form eines bezahlten Newsletters.

Sie sehen bereits, dass diese Art von Inhalt für Ihren Newsletter nur dann Sinn machen kann, wenn es sich um Zahlen handelt, die sich permanent ändern.

#4 – Meine Woche

Eine sehr persönliche Variante der „News of the week"-Idee ist es, seine Woche und die wichtigsten Ereignisse darin per Newsletter zu kommunizieren bzw. auch einen Ausblick auf die nächste Woche zu geben. Das kann vor allem dann funktionieren, wenn es sich um einen persönlichen Newsletter (nicht um den Newsletter eines Unternehmens) handelt und der Verfasser eine treue Fangemeinde hat. Echte Personenmarken, VIPs, Stars und Sternchen, die aus Film, Funk und Fernsehen bekannt sind, könnten dieses Konzept durchaus nutzen.

Dabei geht es vielleicht gar nicht so sehr um den reinen Informationsgehalt der Nachrichten, sondern mehr darum, Einblicke in das Leben des „verehrten" Menschen, des Vorbildes, zu bekommen – vielleicht sogar (sehr) private.

Die Boulevardmagazine, die mit reißerischen Aufmachern über das Leben der Promis berichten, zeigen, dass das Konzept an sich sehr gut funktioniert.

#5 - Produkttests und Produktvergleiche

Ein weites Feld für informative Newsletter sind Produkttests und Produktvergleiche. Im einfachsten Fall nehmen Sie jede Woche ein Produkt aus Ihrem Tätigkeitsbereich, testen dieses und schreiben darüber einen Testbericht. Dafür müssen Sie sich nur einmal die Kriterien zurechtlegen, nach denen Sie testen bzw. die Sie testen, und dann jede Woche ein anderes Produkt nach eben diesen Kriterien beurteilen. Wenn Sie das noch mit Fotos anreichern, ist Ihr Newsletter sehr rasch gefüllt.

Diese Art von Newsletter eignet sich besonders dann, wenn Sie kein eigenes Produkt in diesem Bereich verkaufen. Der Hersteller, der Mitbewerberprodukte testet, ist weniger glaubwürdig als der Händler, der verschiedene Marken führt, diese durchtestet und vergleicht.

Das Konzept ist auch für all jene denkbar, die an sich gar keine physischen Produkte verkaufen, aber solche verwenden. Der Tischler/Schreiner, der verschiedene Werkzeuge, die er selbst nutzt, solchen Tests unterzieht und darüber in seinem Newsletter schreibt, genießt höchste Glaubwürdigkeit. Und auch wenn er diese Produkte an sich nicht verkauft, könnte er sich ein zusätzliches Einkommen durch Affiliate-Provisionen für die getesteten Produkte verdienen. Doch Achtung: Das kann auch wieder die Glaubwürdigkeit reduzieren.

#6 – Test von Dienstleistungen

Doch nicht nur Produkte können getestet werden. Auch Dienstleister und Dienstleistungen können nach verschiedenen Kriterien analysiert und beurteilt werden. Sehr bekannt sind in diesem Bereich die Restauranttester, die üblicherweise im Auftrag eines Restaurants oder auch Hotels die Produkte und Dienstleistungen testen. Manchmal tun sie das auch im Auftrag von Zeitschriften oder Ratingagenturen im Gastronomiebereich.

Dort, wo es die Geheimhaltungsvereinbarungen zulassen, können solche Testergebnisse natürlich sehr gut für einen regelmäßigen Newsletter genutzt werden.

In der Gastronomie sind solche Tests üblich, aber auch in anderen Branchen und Betrieben sind sie denkbar. Ein paar Ideen dazu:

- Ein Einzelhandelsexperte könnte den Service in Geschäften testen und darüber berichten.
- Eine Hygieneexpertin könnte Toiletten in Restaurants oder auch öffentliche Toiletten testen.
- Dieselbe Hygieneexpertin könnte sich im Newsletter aber auch auf ein Thema wie COVID-19 (oder andere verbreitete Krankheit) fokussieren und die damit im Zusammenhang stehenden Hygienemaßnahmen in allen möglichen öffentlich zugänglichen Einrichtungen testen.

- Ein Serviceexperte könnte alle möglichen Betriebe testen und darüber per Newsletter berichten – Autowerkstätten, Telefonhotlines und Callcenter, Wellnessanlagen, Beautydienstleister etc.

- Eine Immobilienexpertin kann in ihrem Newsletter über die Erfahrungen berichten, die sie mit Maklern gemacht hat.

- Ein Finanzprofi könnte dasselbe mit Vermögensberatern tun.

Sehen Sie diese Liste (wie auch andere in diesem Buch) als Ideensammlung. Die sinnvolle Umsetzbarkeit in der Praxis kommt auch sehr stark auf die Art Ihres Geschäftes und die Einbettung des Newsletters in Ihr Geschäftsmodell an.

#7 – Produkttests durch Kunden

Sie könnten Ihre Produkte oder Ihre Leistungen auch von Kunden testen lassen und die Ergebnisse dieser Tests dann in Ihrem Newsletter publizieren. Wenn Sie es schaffen, die Kreativität der Kunden zu wecken und ein wenig Humor mit in Spiel bringen, kann das sehr unterhaltsame Newsletter-Inhalte ergeben.

Wie auch die übrigen Konzepte eignet sich dieses sicher nicht für alle Branchen und Produkte gleichermaßen. In meiner Zeit bei Samsonite, dem Kofferhersteller, haben nicht nur wir selbst immer wieder mit der Belastbarkeit unserer Koffer geworben und diese per Bild und Video in Szene gesetzt.

Auch Händler und Kunden haben in Eigenregie Belastungstests durchgeführt – mit teilweise unterhaltsamen Ergebnissen –, die man durchaus auch im Newsletter hätte verschicken können.

#8 – Expertenvorstellungen

Auch die Vorstellung bzw. Präsentation von Experten in Ihrem Geschäftsbereich kann für bestimmte Geschäftsmodelle sehr sinnvoller Newsletter-Inhalt sein. Dabei besteht die Herausforderung darin, statt einfachen und wahrscheinlich unspektakulären bis uninteressanten Lebensläufen, spannend aufbereitete und gern gelesene Präsentationen von Personen zu erschaffen. Das ist nicht immer einfach, aber möglich. Dazu können Sie Ihnen z. B. Fragen stellen, die diese sonst nie gestellt bekommen. Es muss sich dabei auch nicht um ein ganzes Profil der Person handeln, sondern kann genauso gut nur einen bestimmten Ausschnitt, der für Ihre Leser spannend sein kann, behandeln.

Ein paar Ideen bzw. Beispiele dazu:

- Eine Redneragentur könnte in ihrem Newsletter jedes Mal einen anderen Redner bzw. eine andere Speakerin präsentieren.

- Eine Künstleragentur kann dasselbe mit Künstlern machen, die sie im Programm haben.

- Der Anbieter einer Eventlocation kann dasselbe mit den Menschen machen, die dort bei diversen Anlässen auf der Bühne stehen (denn mit der Präsentation der Räumlichkeiten als Inhalt für den Newsletter ist man rasch durch).

- Ein Lebensmittelhändler kann in jedem Newsletter einen anderen Landwirt, Fleischer oder sonstigen Lebensmittelproduzenten (allerdings die kleinen und nicht die Industrien) zu Wort kommen lassen.

- Eine Vinothek präsentiert in aller Regelmäßigkeit einen anderen Winzer, dessen Wein sie im Sortiment hat.

- Eine Versicherung stellt per Newsletter jeweils einen anderen Makler vor (zugegeben, dabei braucht es für einen spannenden Inhalt einen guten kreativen Ansatz).

- Eine Fondsgesellschaft präsentiert Vermögensberater und Finanzspezialisten aus allen möglichen Bereichen.

- Ein Hersteller von Baumaterialien (oder auch ein Baustoffhändler) lässt Architekten zu Wort kommen und zeigt im Newsletter, wofür diese ihre Produkte verwenden.

Die Liste ließe sich noch fortsetzen. Das Konzept ist auf viele Branchen und Geschäftsmodelle anwendbar.

#9 – Neue Kunden

Für manche Branchen und Unternehmen könnte ein sehr gutes Newsletter-Konzept auch darin bestehen, neue Kunden vorzustellen – in jedem Newsletter einen etwas ausführlicher oder auch eine Handvoll. Damit das auch interessant für die Leser ist, müssen diese Vorstellungen mit einem oder mehreren Kunden-/Lesernutzen verknüpft werden.

Ein paar Ideen bzw. Beispiele dazu:

- Ein Vertriebsberater könnte neue Kunden vorstellen und diese im Hinblick auf ihr Vertriebssystem beschreiben bzw. analysieren.

- Ein Franchiseberater könnte seine Newsletter damit füllen, dass er Franchisesysteme präsentiert, die er als Kunden gewinnen konnte. Das hat für den Kunden gegebenenfalls den Zusatznutzen, dass die Reichweite des Beraters auch helfen wird, neue Franchisenehmer anzusprechen.

- Ein Bauunternehmen kann die Pläne oder auch die bereits umgesetzten Bauwerke seiner Kunden präsentieren und so einen Ideenfundus für seine Newsletter-Leser schaffen.

- Fast jedes Handwerksunternehmen kann dasselbe wie das Bauunternehmen machen.

Möglichkeiten gibt es viele, allerdings muss mit diesem Konzept immer in 100 % Abstimmung mit dem Kunden, der präsentiert wird, vorgegangen werden. Schließlich sollen ja auch keine Geheimnisse des Kunden ausgeplaudert werden.

#10 – Storys

Geschichten aller Art werden von jeher gerne gehört und gelesen. Vor allem dann, wenn sie interessant oder humorvoll und spannend geschrieben sind. Nutzen Sie diese Vorliebe der Menschen und servieren Sie Ihren Lesern Storys. Die Möglichkeiten dafür sind schier endlos. Ein Konzept (das wiederum viele Konzepte beinhaltet) ist jenes, dass das Grundthema der Geschichte immer dasselbe ist, um eine gewisse Kontinuität zu erzeugen. Dieses sollte natürlich mit Ihrem Geschäft verknüpft sein.

Lassen Sie dabei Kunden, Mitarbeiter, Lieferanten und Geschäftspartner aller Art (je nach Variante des Konzeptes) zu Wort kommen. So schaffen Sie auch Abwechslung und können in jedem Newsletter eine neue Facette desselben Themas präsentieren.

Ein paar Beispiele, um das Konzept zu illustrieren:

- Ein Reisebüro könnte Kunden zum Thema „Mein schönstes, unterhaltsamstes, erstaunlichstes etc. Reiseerlebnis" zu Wort kommen lassen.

- Ein Gärtner, Gartengerätehersteller oder auch ein Bio-Supermarkt könnte Kunden über ihre besten Resultate und Tipps als Hobbygärtner berichten lassen (das lässt sich zudem noch gut mit Fotos anreichern).

- Ein Tourismusgebiet könnte Gäste ihre liebsten bzw. schönsten Wanderungen beschreiben lassen. Vielleicht machen das sogar die Kinder der Gäste … was die Eltern wahrscheinlich umso mehr schätzen und lieber lesen.

Sie sehen schon, mit dem passenden Grundthema kann das ein sehr interessantes Konzept für Ihren Newsletter sein

#11 – Umfragen und Umfrageergebnisse

Wenn Sie es schaffen, z. B. jede Woche eine Umfrage zu machen, dann können Sie die Ergebnisse in Ihrem Newsletter präsentieren. Ich selbst habe während meiner Studienzeit für eine Lokalzeitung als „fliegender Reporter" gearbeitet. Ein Teil meiner wöchentlichen Aufgaben war es, „Die Frage der Woche" zu machen, eine Umfrage zu wechselnden, lokal interessanten Themen. Von „Was halten Sie vom Hundekot auf Badens Straßen?" bis hin zu „Sollten in der Innenstadt öfter Märkte stattfinden?" gab es da so ungefähr alles an Fragen.

Dabei ging es nicht um eine repräsentative Stichprobe, sondern um einzelne Antworten von fünf Bürgern auf unsere Fragen. Diese wurden dann mit Namen, Foto und kurzem Statement im Wochenblatt gezeigt.

Ein Konzept, das Sie für Ihren Newsletter verwenden können. Je nachdem ob Sie ein lokal aktives Unternehmen betreiben oder überregional tätig sind, können Sie die Umfragen persönlich (vor Ihrem Laden etwa) oder auch per Telefon, E-Mail oder auf Social Media machen.

Auch denkbar ist es, dass Sie wöchentlich den Fokus Ihrer Fragen auf eine andere Zielgruppe lenken – Politiker, Unternehmer, Mütter mit Kindern, Senioren, Hundebesitzer etc. – und dabei vielleicht sogar immer dieselbe Frage stellen. Durch die Antworten der wechselnden Zielgruppen kann auch diese Version des Konzeptes interessante und abwechslungsreiche Inhalte für Ihren Newsletter produzieren.

Eine andere Variante sind Umfragen größeren Umfangs, die dann auch mehr statistische Relevanz und Aussagekraft haben. Wenn diese standardisiert sind, können Sie z. B. jede Woche dieselben Fragen stellen und damit eine Art Meinungsbarometer erstellen. Die Fragen können Sie über Ihre Kanäle (im Newsletter oder auf Social Media) mit wenig Aufwand verteilen und ausreichend viele Antworten sammeln. Durch den Einsatz von geeigneten Softwaretools (wie Surveymonkey etwa – Informationen dazu im Ressourcen-Bereich) können Sie die Auswertung hochgradig automatisieren, sodass Sie nicht viel Arbeit bei der Umsetzung haben.

Um das Konzept in der einen oder anderen Variante umzusetzen, ist es hilfreich, wenn Sie eine Reihe von Fragen und oder Zielgruppen (am besten gleich 52 für ein ganzes Jahr) vorbereiten, auf die Sie dann regelmäßig zugreifen.

Damit verhindern Sie, dass Sie sich wöchentlich mit der Frage quälen: „Was soll ich bloß für eine Frage stellen?".

#12 – Die X besten …

Wertungen und Rankings sind generell recht beliebt und werden gerne gelesen. In manchen Branchen kann man daraus schöne und gut funktionierende Newsletter-Konzepte machen. Nehmen Sie etwas, was für Ihre Branche bzw. für Ihren Geschäftszweig interessant ist und eine gewisse Bedeutung hat, und machen Sie daraus ein Ranking.

- Reisebüros: Die 10 besten Hotels in Wien (die Stadt können Sie jede Woche tauschen)
- Reiseveranstalter: Die 10 wichtigsten Sehenswürdigkeiten in Bangkok (auch hier können Sie Städte bzw. Länder Ihrer Wahl einsetzen)
- Modehändler:
  - Die 5 wichtigsten Trends im Modefrühling
  - Die 5 wichtigsten Accessoires für den Mann / die Frau
  - Die 7 unverzichtbaren Kleidungsstücke im Business
- Buchhändler:
  - Die top 10 Business-Bücher (hier können Sie alle Kategorien durchgehen)

- Architekt:
  - Die 10 innovativsten Häuser in Frankfurt (hier können Sie eine Stadt Ihrer Wahl einsetzen)

Ob dieses Konzept für Sie mit vertretbarem Aufwand umsetzbar ist, hängt von den spezifischen Rahmenbedingungen ab.

#13 – Ihre LieblingsXXX

Ein Newsletter-Konzept, das vor allem für Promis, VIPs, Influencer und Personal Brands aller Arten passen kann, ist das folgende. Die Fans (und das ist noch einmal etwas anderes als nur Kunden) wollen ihr Idol besser kennenlernen und vor allem auch den ein oder anderen Einblick in dessen Privatsphäre erhalten.

Wenn Sie in diese Kategorie von Personal Brands fallen, dann können Sie letztlich über (fast) alles schreiben und Ihren Newsletter damit füllen. Ihre Leser werden es aufsaugen wie ein Schwamm.

Schreiben Sie z. B. über:

- Ihre Lieblingsdinge – und stellen Sie jede Woche ein anderes davon vor (mit Foto und der Story, wie Sie dazu gekommen sind),
- Ihre Lieblingsreiseziele,
- Ihre Lieblingsstars (wenn Sie es sich leisten können, andere Stars neben sich zu haben),

- Ihre Lieblingsrestaurants und Cafés,
- Ihre liebsten Freizeitbeschäftigungen,
- Ihr Lieblingsfilme etc.

Allerdings denke ich, dass es für echte Personenmarken ohnehin nicht schwierig ist, Material für ihren Newsletter zu finden. Dieses Konzept können Sie aber – mit Fingerspitzengefühl – auch dann einsetzen, wenn Sie noch keine wirkliche Personenmarke sind, sich aber auf dem Weg, eine zu werden, befinden.

#14 – Die neuesten Trends

Sind Sie in einem Bereich tätig, der sehr schnelllebig ist und in dem es ständig Veränderungen und Neues gibt? In dem Fall können Sie den jeweils neuesten Trend auch in Ihrem wöchentlichen Newsletter besprechen. Es gibt allerdings Branchen, in denen dieses Konzept nicht einmal einen monatlichen Newsletter füllen würde. Wenden Sie es daher nur dann an, wenn es wirklich zu Ihrem Tätigkeitsbereich passt.

Das könnte der Fall sein, wenn Sie z. B. einen der folgenden Berufe ausüben:

- Politikberater,
- Social-Media-Experte,
- Consumer-Elektronik-Experte,
- Fachfrau für Apps,

- Arzt, Epidemiologe oder Hygienefachmann in Zeiten von Epidemien wie COVID-19 etc.

#15 – Interessante Onlineressourcen

Es gibt eine täglich wachsende und unüberschaubare Menge von interessanten bis sehr nützlichen Onlineressourcen für bestimmte Bereiche. Oft handelt es sich dabei um Software (oft auch in Form von Apps), die bezahlt oder auch kostenlos nutzbar ist. Das kann alles Mögliche sein, wie z. B.:

- Tools für die Erstellung und Auswertung von Umfragen,
- Fotobearbeitungsprogramme,
- Programme zur Erstellung bzw. Bearbeitung von Videos,
- E-Mail-Marketing-Software,
- CRM-Systeme,
- Webseiten-Analyse-Tools etc.

Wie Sie bemerken, betreffen viele dieser Tools den Bereich Marketing (im weitesten Sinne). Das ist eine wahrscheinlich sehr einseitige und eingeschränkte Sichtweise, die damit zu tun hat, dass ich mich selbst vor allem mit diesen Bereichen beschäftige und mich daher gut auskenne. Wenn Sie Profi-Koch oder Oldtimer-Spezialistin sind, so kennen Sie wahrscheinlich Tools aus Ihrem Bereich, die ähnlich interessant für Ihr Zielpublikum sind.

#16 – Gesetzliche Neuerungen

Nicht nur für Anwälte ist es ein Weg, den Newsletter zu füllen, indem sie über neue rechtliche Bestimmungen, Vorschriften, Regeln, Verordnungen und Ähnliches in einem bestimmten Bereich berichtet – wenngleich es für Anwälte natürlich ein vorgezeichneter Weg ist.

Doch selbst Anwälte können nicht über alle Änderungen und Neuerungen gesetzlicher Art berichten – das wären zu viele –, sondern müssen sich auf einen bestimmten Bereich konzentrieren. Das können Sie als Expertin bzw. Experte in Ihrem Bereich ebenso. Auch, wenn Sie offiziell keine Rechtsberatung machen (worauf Sie auch hinweisen sollten) – schließlich sind Sie ja kein Anwalt – so können Sie doch wertvolle Tipps und Informationen verteilen. Dabei sind Sie möglicherweise näher am Geschehen als viele Anwälte, die sich nicht nur auf genau Ihren Fachbereich spezialisiert haben.

Im Einzelfall kann es empfehlenswert sein, sich beim Verfassen des Newsletters mit einem Anwalt zusammenzusetzen (oder auch abwechselnd mit einem immer anderen bei jedem einzelnen Newsletter), um Ihren Inhalten den offiziellen rechtlichen Anstrich und den Inhalten so mehr Glaubwürdigkeit und Verbindlichkeit zu verpassen.

Dieses Newsletter-Konzept ist natürlich überall dort empfehlenswert,

- wo es viele Änderungen rechtlicher Natur gibt,

- wo die rechtlichen Aspekte eine wichtige Rolle spielen, weil es bei Nichtbeachtung ebendieser z. B. teuer werden kann,

- wo es viele Fälle von rechtlichen Diskussionen oder sogar Rechtsstreitigkeiten gibt, wo das Gesetz viel Raum für die Auslegung der Gesetze lässt.

Trifft einer dieser Punkte oder sogar mehrere davon auf Ihr Geschäft oder Ihre Branche zu?

Für einen Versicherer oder Steuerberater etwa könnte das ein spannendes Konzept für den Newsletter darstellen. Für einen Anwalt ohnehin. Für einen Friseur oder Gärtner würde ich es nicht empfehlen.

#17 – Produkte

Über Produkte, physische Produkte, im Newsletter zu informieren, macht für all diejenigen Sinn, die selbst viele (verschiedene) Produkte verkaufen (Einzelhändler und Produkthersteller) bzw. in einer Branche als Dienstleister tätig sind, in der andere viele Produkte verkaufen.

Im ersten Fall kann das ganz einfach ein Newsletter sein, in dem Sie regelmäßig Ihre Produkte bzw. Produktneuheiten vorstellen und auch gleich direkt zum Kauf anbieten.

Im zweiten Fall könnten das z. B. sein:

- Kfz-Versicherungsexperten, die neue Autos vorstellen –
was wesentlich einfacher spannend gestaltet werden kann,
als Informationen über Versicherungen per Newsletter zu verteilen.
An dieser Stelle möchte ich mich natürlich bei allen Versicherungs-
dienstleistern entschuldigen. Das Gesagte soll diese gesellschaftlich
und wirtschaftlich wichtige Dienstleistung keineswegs abwerten.
Vielleicht fehlt es mir einfach nur an Kreativität.

- Lebensmittelexperten und Ernährungsberater,

- Architekten, die über innovative Baumaterialien berichten,

- Stilberater, die nicht nur über aktuelle Modetrends berichten, sondern
auch konkrete Kleidungsstücke vorstellen.

Auch wenn Sie als Dienstleister vielleicht keine eigenen Produkte haben und keinen Handel betreiben, können Sie natürlich trotzdem über Affiliate-Provisionen am Verkaufserfolg der von Ihnen präsentierten Produkte beteiligt sein, indem Sie entsprechende Affiliate-Links in Ihren Newsletter einfügen. Sollte Ihnen diese Idee noch unbekannt sein, so finden Sie im Begriffsverzeichnis eine genauere Erklärung. Oder aber Sie googeln den Begriff Affiliate und werden auf eine Unmenge von Informationen stoßen, mit denen man ein eigenes Buch füllen könnte.

Bei der Präsentation von Produkten in Ihrem Newsletter können Sie – je nachdem welche Art von Geschäft Sie betreiben – den Schwerpunkt auf ganz unterschiedliche Aspekte der Produkte legen, wie z. B. auf:

- den Neuigkeitsgrad – ganz neue oder zukünftige Produkte,

- die Herstellung oder Verarbeitung,

- die Materialien, die verwendet wurden,

- Trends, Designs und modische Aspekte,

- den (niedrigen) Preis im Rahmen eines klassischen Aktions- oder Schnäppchen-Newsletters,

- die Verwendungs- bzw. Anwendungsmöglichkeiten,

- die Nützlichkeit und Anwenderfreundlichkeit,

- Nachhaltigkeit und Ökologie etc.

Auch wenn Produkte natürlich dazu verlocken, diese per Newsletter einfach zum Kauf anzubieten, ist das keinesfalls ein Muss. Selbst ein Lebensmittelhändler kann in seinem Newsletter lang und breit über ein Produkt informieren, ohne es direkt zum Kauf anzubieten. Das schafft mehr Vertrauen bei seiner Leserschaft.

Der Wegfall des unmittelbaren Verkaufsdrucks lässt Ihnen auch mehr Spielraum bei der Newsletter-Gestaltung. Das bedeutet nicht, dass es nicht dennoch grundsätzlich Sinn macht, per Newsletter Kaufangebote zu verschicken. Es muss aber nicht immer im Vordergrund stehen.

#18 – Events

Veranstaltungen aller Art bieten eine Menge möglicher Inhalte für Ihren Newsletter, wenn Sie in einer Branche zu Hause sind, in der es häufig Veranstaltungen gibt. Ist das bei Ihnen der Fall?

Innerhalb des Themas Events haben Sie z. B. folgende Möglichkeiten, Newsletter-Inhalte zu schaffen:

- Berichte von abgelaufenen Veranstaltungen
  - Wer war dort?
  - Interviews mit (prominenten) Teilnehmern
  - Zusammenfassung oder sogar Mitschnitte der Präsentationen
- Einen Ausblick auf zukünftige Veranstaltungen
  - einen Veranstaltungskalender
  - eine konkrete, detaillierte Ankündigung von einzelnen Events

Das Thema Events ist so ergiebig, dass Sie damit nicht nur einen Newsletter füllen, sondern sogar ein eigenes Businessmodell daraus machen könnten, indem Sie die Inhalte zusammenfassen, Erkenntnisse daraus ziehen, Empfehlungen abgeben und all das in Form von Medienprodukten verkaufen … Doch das nur am Rande erwähnt.

#19 – Stellenangebote

Wie schon eingangs erwähnt, muss sich ein Newsletter nicht unbedingt an die Zielgruppe Kunden wenden. Auch andere Zielgruppen können per Newsletter adressiert werden. Wenn Ihr Unternehmen groß genug ist und Sie regelmäßig offene Stellen zu besetzen haben, könnte ein passendes Newsletter-Konzept auch die Ausschreibung dieser offenen Stellen sein.

Doch nur die Stellenbeschreibung in den Newsletter zu packen, wäre ein wenig dürftig. Dazu brauchen Sie keinen Newsletter. Sie können diese Stellenbeschreibung aber mit wertvollen Informationen anreichern, z. B. durch ein Interview mit einem Mitarbeiter, der diesen Job bereits macht und von seinen Tätigkeiten und seinem Tagesablauf berichtet.

Das könnte auch ein unternehmensinterner Newsletter (bzw. ein Teil davon) sein, der sich nur mit den Möglichkeiten beschäftigt, wie sich Mitarbeiter innerhalb des Unternehmens weiterentwickeln können, statt sich nach außen zu orientieren und sich für einen Jobwechsel zu einem anderen Arbeitgeber zu entscheiden.

#20 – Erfolge von Kunden

Oft kann es viel spannender sein, von Kunden als vom eigenen Unternehmen bzw. den eigenen Produkten und Leistungen zu berichten. Das hat mehrere Gründe. Erstens verleiht Ihnen das mehr Glaubwürdigkeit. Zweitens bringt es potenziell mehr Abwechslung in Ihren Newsletter. Und drittens unterstützt Sie Ihr Kunde vielleicht auch noch dabei (je nachdem, wie viel mediale Reichweite dieser hat), neue Leser für Ihren Newsletter zu gewinnen.

Dabei bietet es sich natürlich an, die Story des Kunden geschickt mit Ihrer Leistung und Ihren Produkten zu verknüpfen:

- Ein Hersteller von Dünge- und Pflanzenschutzmittel, der zeigt bzw. beschreibt, welch fantastische Gärten, Beete und Pflanzen einzelne Kunden mit Hilfe seiner Produkte erschaffen.

- Eine Unternehmensberaterin, die die Erfolge beschreibt, die ein Kunde durch ihre Beratung erzielt hat.

- Ein Stilberater, der die „Transformation" eines Kunden im klassischen „Vorher/Nachher"-Konzept im Newsletter präsentiert.

- Ein Personal Trainer oder Fitnessstudio, das Fotos von schlappen Kunden vor dem Training und von ebendiesen, aber deutlich besser trainiert und schlanker, einige Wochen oder Monate später zeigt.

Möglichkeiten, dieses Konzept für einen Newsletter anzuwenden, gibt es in vielen Branchen. Die Bandbreite reicht von kurzen Inhalten, gegebenenfalls mit ein paar Fotos angereichert, bis hin zu ausführlichen Kundenfallstudien

– ganz abhängig von Ihrer Tätigkeit und Ihren (zeitlichen) Ressourcen für die Erstellung Ihrer Newsletter.

Das Ganze kann auch in Form von Kundeninterviews erfolgen, die Sie entweder transkribieren oder/und als Video- oder Audio-Newsletter verteilen.

#21 – Rückblicke auf Vergangenes

Auch die Vergangenheit kann interessantes, spannendes oder auch einfach nur kurioses und unterhaltsames Material für Ihren Newsletter hergeben. So könnten Sie z. B. immer um genau einen bestimmten Zeitraum zurückblicken und berichten, was damals an diesem Tag, in dieser Woche oder diesem Monat (das hängt mit der Frequenz Ihres Newsletters zusammen) geschah.

Wie lange die Zeiträume sind, die Sie zurückblicken, hängt einerseits wieder von der Idee ab, die hinter dieser Rückschau steckt, andererseits aber auch von den Möglichkeiten, mit wenig Aufwand an Informationen zu kommen. Je kürzer die Zeiträume sind, desto leichter wird Ihnen die Recherche fallen. Schließlich ist das, was sich in den letzten zwei bis drei Jahrzehnten abgespielt hat, meist im Internet zu finden ist. Doch auch frühere Ereignisse sind (nachträglich) online dokumentiert und festgehalten worden.

Es gibt Seiten, die Ihnen die Suche erleichtern, wie z. B.:

- https://chroniknet.de/extra/
- https://www.was-war-wann.de/
- https://de.wikipedia.org/wiki/Historische_Jahrestage
- https://www.oppisworld.de/zeit/kalender/index.html

Darin finden Sie oft auch die Ereignisse an bestimmten Tagen nach Themenbereichen aufgeteilt, was Ihnen die Recherche erheblich vereinfacht.

Was Ihr Konzept angeht, so können Sie über folgende Varianten nachdenken:

- Was geschah vor X Jahren immer genau in der Woche / an einem bestimmten Tag / in einem bestimmten Bereich?
- Was haben berühmte Persönlichkeiten, deren Geburtstag sich gerade jährt, mit dem, was Sie machen bzw. anbieten, zu tun?
- Was war heute vor einem Jahr, vor zehn Jahren, vor 20 Jahren etc.? Statt eines bestimmten Zeitraums betrachten Sie immer dieselbe Abfolge von Zeiträumen – auch das kann interessante Inhalte ergeben.

Zugegeben, das Konzept braucht ein wenig Kreativität und Denkarbeit Ihrerseits. Wenn Sie allerdings den roten Faden, der für Sie Sinn macht, erst einmal gefunden haben, kann es ein sehr konsequent umsetzbares Newsletter-Konzept sein, das Sie über Jahre hinweg betreiben können. Bei diesem Konzept und einer tageweisen Betrachtung wäre sogar ein täglicher Newsletter denkbar, weil der Aufwand kleiner als bei vielen anderen Konzepten ist. Sie brauchen dann nur eine Quelle, die diese täglichen News auf Knopfdruck liefert.

Konzepte,
bei denen die Leser
etwas lernen

Im Abschnitt „etwas lernen" habe ich Newsletter-Konzepte zusammenge-fasst, die darauf ausgerichtet sind, Know-how zu vermitteln, mit dem die Leser etwas für bestimmte Bereiche in ihrem Geschäft oder ihrem Leben lernen können. Das geht über die reine Informationsvermittlung – wie im letzten Abschnitt – hinaus. Wenngleich ich vorab dazu sagen muss, dass es hierbei Überschneidungen gibt und so manche Konzepte sehr gut in den einen wie auch den anderen Abschnitt passen würden.

Letztlich ist das aber auch nicht wichtig. Entscheidend ist vielmehr, dass ein Konzept für Ihren Newsletter und Ihre Leserschaft gut passt.

#22 – Know-how: Hacks, Tipps und Tricks

Ein Klassiker für Newsletter-Inhalte sind Tipps, Tricks und Hacks – all die kleinen Know-how-Häppchen, die das Geschäft bzw. das Leben leichter ma-chen und dafür sorgen, dass etwas rasch und einfach bzw. besser gelingt als vorher. Dabei geht es nicht um große Wissensbrocken, sondern um die ganz kleinen, leichten und rasch umsetzbaren.

Beispielsweise könnten es Antworten auf folgende Fragen sein:

- Wie bekomme ich angebrannte Töpfe sauber?
- Wie kann ich die Conversion Rate meiner Webseite, meiner Werbung bzw. meiner Newsletter steigern?

- Wie kann ich mit dem anderen Geschlecht Kontakte knüpfen und den Traumpartner finden?

Solche Häppchen gibt es in fast allen Lebensbereichen und daher wahrscheinlich auch in einem, der für Ihren Newsletter interessant sein könnte.

Die folgenden Themen, Berufe bzw. Branchen würden sich sehr gut für diese Art von Newsletter eignen:

- Köche bzw. Hersteller von Küchen und Küchengeräten aller Art, aber auch Lebensmittelhersteller und Händler in diesen Bereichen liefern Tipps rund ums Kochen,

- Baumeister, Planer, Architekten liefern Tipps für das Bauen, Umbauen oder Adaptieren von Häusern und Wohnungen,

- Gärtnereien, Hersteller von Pflanzenmittel erklären, mit welchen Tricks Pflanzen schneller, kräftiger und gesünder (oder manchmal überhaupt) wachsen,

- Reiseveranstalter und Reisebüros stellen Tipps für Urlaubs- und Geschäftsreisen bereit, gegebenenfalls passend zu aktuellen Reisesaison,

- Immobilienmakler versorgen ihre Leser mit wertvollem Know-how rund um die Themen Immobilien kaufen, verkaufen, mieten bzw. vermieten,

- Ärzte und artverwandte Gesundheitsberufe können einen nahezu unendlichen Strom an wertvollem Wissen zum Thema Gesund werden bzw. bleiben bereitstellen,

- Erzieher und Kinderpsychologen können ihre Newsletter mit Nützlichem zum Thema Kindererziehung befüllen,

- Paartherapeuten schreiben interessierten Paaren, die ihre Beziehung reparieren oder noch besser machen wollen, wie sie das im Alltag anstellen können.

Wie erwähnt, die Anwendungsbereiche und -möglichkeiten für dieses Konzept sind nahezu endlos. Nehmen Sie sich 30 Minuten Zeit und machen Sie eine Liste mit derartigen kleinen Tipps und Tricks, die Ihren Lesern helfen, Probleme und Problemchen zu lösen, mit denen sie sich immer wieder herumschlagen müssen. Ich bin überzeugt, dass das Ergebnis eine lange Liste ist, mit der Sie bereits die Newsletter der nächsten sechs bis 12 Monate leicht füllen können.

#23 – X Antworten auf …

Eine Sonderform des vorherigen Konzeptes ist es, sich bei dem Know-how bzw. den Tipps, die Sie geben, auf einen einzigen Punkt zu konzentrieren. Das kann sehr spannende Inhalte ergeben, mit denen Sie sich von Mitbewerbern differenzieren und Ihre Zielgruppe auf sich aufmerksam machen können. Was ich damit meine, erkläre ich anhand eines eigenen Beispiels:

Ich habe ein Buch mit dem Titel „Zu teuer! – 118 Antworten auf Preiseinwän-de: Für jede Preisverhandlung die passende Einwandbehandlung" verfasst (Sie finden es hier >> https://amzn.to/39eX50c). Es wäre ein Leichtes, daraus einen Newsletter zu machen, wo ich jede Woche eine dieser Antworten samt Erklärung dazu an meine Leser verschicke. Jeder einzelne Tipp ist nicht sehr lang, aber lang genug für einen Newsletter. Dazu müsste ich nicht einmal neue Inhalte verfassen, es ist alles bereits vorhanden. Nebenbei würde ich in diesem Fall natürlich auch das Buch im Newsletter bewerben.

Dieselbe Idee lässt sich in unterschiedlichen Bereichen sehr gut umsetzen:

- 1.000 Dinge, die man in Wien unternehmen kann
  (für Touristen, aber auch für Einwohner der Stadt) –
  oder auch 52, wenn Sie einen wöchentlichen Newsletter haben und
  so auf ein ganzes Jahr abzielen.

- 133 Arten, wie Sie mit dem, was Sie im Kühlschrank haben,
  etwas Leckeres zubereiten

- 333 Varianten eine unbekannte Frau anzusprechen (oder natürlich
  auch einen Mann)

- 52 Dinge, mit denen Sie in nur 5 Minuten pro Tag Ihr Leben verändern
  (könnte ein Newsletter passend zu meinem Buch „Die große Macht
  der Kleinigkeiten – Beeindruckend einfache Ideen, mit denen Sie mit
  nur wenigen Minuten pro Tag Ihr Leben verändern … und vielleicht
  sogar die Welt (das Sie hier finden – https://amzn.to/39cBoyZ)

- 365 ungewöhnliche Fragen, die Sie sich stellen können, um Ihr Leben zu verändern

Einige dieser Ideen haben das Potenzial, ein Buch daraus zu machen – zwei sind ja bereits welche. Und die Idee, das zu verknüpfen – so Sie dem Gedanken, ein eigenes Buch zu schreiben interessiert gegenüberstehen – ist eine sehr praktische. Sie können so aus ein und demselben Inhalt viel mehr herausholen.

#24 – Mit aktuellen Nachrichten verknüpfen

Ein sehr spannendes Konzept, um Inhalte für Ihren Newsletter zu kreieren, ist es, Ihr Wissensgebiet mit aktuellen Nachrichten und Ereignissen zu verknüpfen. Das erfordert mehr Kreativität und wahrscheinlich auch etwas mehr Arbeit. Sie müssen dafür beständig am Puls der Zeit sein und die Nachrichten aus Politik, Wirtschaft, Kultur, Gesellschaft, Technik, Wetter oder all jenen Bereichen des täglichen Lebens verfolgen, die für Ihren Tätigkeitsbereich interessant und passend sein können. Der Vorteil ist, dass diese Themen bereits viel mediale Aufmerksamkeit erhalten und Sie quasi auf dieser Welle surfen und davon profitieren können.

Dabei sollten Sie aber nicht nur linear, sondern durchaus auch um die Ecke denken. Ein Körpersprache-Experte kann die Körpersprache während einer entscheidenden Fernsehdiskussion des amerikanischen Präsidenten genauso analysieren und daraus Tipps und Empfehlungen für seine Leser ableiten wie die Körpersprache des Fußballers beim Interview vor einem wichtigen Match. Um welche Ecke könnten Sie in Ihrem Geschäft denken?

Was für diese Art von Newsletter-Content sehr hilfreich sein kann, ist, sich für eine Reihe von Suchbegriffen, die für Ihr Geschäft wichtig bzw. interessant sind, einen Google Alert (https://www.google.at/alerts) einzurichten. Google schickt Ihnen dann regelmäßig alle neuen Inhalte, die im Internet weltweit zu diesen Suchbegriffen aufgetaucht sind, und serviert Ihnen so Content für Ihren Newsletter auf dem Silbertablett.

#25 – Die größten Fehler

Fehler sind in unserer Gesellschaft nicht sehr beliebt – weder die eigenen noch die der anderen (außer aus Schadenfreude). Und doch bieten Fehler viel Potenzial für wertvolle Inhalte für Ihren wöchentlichen Newsletter. Sie könnten Ihren Newsletter sogar „Der Fehler der Woche" nennen und darin das diesbezügliche Highlight, den schwersten, kostspieligsten und spektakulärsten Fehler, analysieren und wichtige Lernerfahrungen ableiten.

Das können, wie erwähnt, Ihre eigenen Fehler sein (wenn Sie entsprechend viele und ergiebige machen) oder auch die Fehler in Ihrem Unternehmen, Ihrer Brache oder einem anderen Bereich, den Sie sinnvoll mit Ihrem Geschäft verbinden können. Gerade auch für unternehmensinterne Newsletter könnte das Konzept ein sehr lehrreiches und auch gerne gelesenes sein – außer vielleicht von dem Mitarbeiter oder der Mitarbeiterin der bzw. die den Fehler gemacht hat. Die Böcke, die andere geschossen haben, schauen wir uns ganz generell schon gerne an. Daher ist es in diesem Fall wichtig, niemanden bloß zu stellen, sondern den Fehler als etwas sehr Wertvolles und Wichtiges darzustellen und den Fokus auf die Lernerfahrungen zu lenken, die daraus abzuleiten sind.

#26 – Tipps an das frühere Selbst

Eine ganz spezielle Art des Rückblicks ist folgendes Konzept: Stellen Sie sich vor, Sie könnten Ihrem jüngeren Ich Tipps geben und tun das im Rahmen Ihres Newsletters. So könnten Sie jedem Tipp eine Ausgabe des Newsletters widmen.

Diese Tipps sind nicht unbedingt andere als die, die Sie auch anderen Menschen geben würden, erhalten aber durch die spezielle „Verpackung" einen ganz eigenen Charme. Damit stoßen Sie auch auf weniger potenziellen Widerstand, als wenn Sie diese Tipps als Experte direkt geben. So sagen Sie keinem der Leser, was er tun oder lassen sollte, sondern nur sich selbst.

#27 – Zusammenfassungen von Büchern

Wenn Sie gerne und viel lesen, dann ist dieses Newsletter-Konzept ein sehr einfach umsetzbares (wenngleich schon arbeitsaufwendiges) und wahrscheinlich gut funktionierendes: Lesen Sie jede Woche ein Buch, das für Ihre Newsletter-Adressaten interessant sein kann und zu Ihrem Business passt. Servieren Sie dann per Newsletter eine Zusammenfassung davon.

Dabei muss sich Ihr Inhalt nicht nur auf die Kurzform des Buches beschränken. Sie können diese auch noch ergänzen mit

- den top X Tipps, die Sie aus den Inhalten des Buches ableiten,

- den Dingen, die Sie aus dem Buch umsetzen oder auch

- den top Zitaten aus dem Buch.

Nebenbei können Sie zusätzlich über Affiliate Links (beim Amazon Partnernet z. B. – https://partnernet.amazon.de/home) Provisionen erhalten, wenn Ihre Leser das Buch aufgrund Ihrer Analyse bzw. Empfehlung kaufen.

#28 – Filmkritiken

So wie aus Büchern kann man auch aus Filmen etwas lernen, wenn es die richtigen, die passenden Filme sind. In Ihrem Newsletter Filme zu rezensieren ist nicht nur dann ein taugliches Konzept, wenn Sie Filmkritiker, Kinobetreiber oder Schauspieler sind. Wenn Sie die richtigen Filme auswählen und bzw. oder sehr kreativ sind, ist das ein ergiebiges Newsletter-Konzept, mit dem Sie Ihre Leser über einen langen Zeitraum mit gutem und abwechslungsreichem Content versorgen können.

So wie mit Büchern können Sie mit Filmen folgendes machen:

- die Story des Filmes kurz zusammenfassen,

- die top X Tipps, die Sie aus den Inhalten des Filmes ableiten und

- die top Zitate aus dem Film auflisten.

Was kann ein Gärtner aus Terminator 2 lernen und was ein Finanzdienstleister aus Forrest Gump? Offengesagt, ich weiß das nicht. Aber ich bin überzeugt, dass es Ihre Kreativität anheizen würde, darüber nachzudenken.

Gerade weil viele Filme vordergründig mit dem, was Sie bzw. auch Ihre Kunden geschäftlich tun, nur wenig oder auch gar nichts zu tun haben, kann es ein spannendes Konzept sein – vor allem für alle Film- und Kinofans. Natürlich gibt es keine Garantie, dass dabei auch etwas Sinnvolles und Verschickbares herauskommt, aber viel Spaß beim Brainstormen kann ich Ihnen allemal versprechen.

#29 – Storys aus dem eigenen Business

Wenn Sie mehr Einblicke in Ihr Geschäft gewähren wollen, dann können Sie in Ihrem Newsletter auch Storys aus Ihrem eigenen Business teilen:

- Wie ist es Ihnen gelungen, einen bestimmten Kunden zu akquirieren?
- Erzählen Sie von einer erfolgreichen Mailingkampagne.
- Berichten Sie von einer Runde von Vorstellungsgesprächen und den Lernerfahrungen daraus.

Abhängig von Ihrer Zielgruppe und Ihrem Business kann alles Mögliche für Ihre Leser interessant sein. Business Coaches und Berater oder auch Online-Marketer gehen zum Teil so weit, dass Sie auch recht detaillierte Einblicke in Ihre Umsätze und finanziellen Erfolge gewähren. Wenn die Dienstleistung ist, andere dabei zu unterstützen, mehr Geld zu verdienen, ist diese Vorgehensweise durchaus ein spannender Weg – wenn Sie ihn gehen mögen.

#30 – Mythen entzaubern

In vielen Branchen gibt es sogenannte Mythen – Geschichten und Informationen, die weit verbreitet sind, von vielen als wahr angesehen werden, oft aber jeglicher Grundlage entbehren und schlichtweg nicht wahr sind.

- Kaffee dehydriert den Körper
- Automatik Autos brauchen mehr Sprit
- Niemand liest mehr Newsletter
- Wer regelmäßig Haare schneidet, bekommt dickeres Haar

Vielleicht gibt es solche Mythen auch in Ihrer Branche. In diesem Fall können Sie diese als Grundlage für Ihren Newsletter nutzen und sich in jeden Newsletter einem solchen Mythos widmen. In manchen Branchen gibt es so viele Mythen, dass Sie damit für mehrere Jahre ausreichend Material für Ihren Newsletter haben. Googeln Sie das Wort „Mythos" in Kombination mit Ihrer Branchenbezeichnung oder einem wichtigen Suchbegriff in Ihrem Geschäftsfeld und Sie werden sehr wahrscheinlich fündig werden.

Entzaubern Sie in Ihrem Newsletter dann den Mythos – einen pro Ausgabe. Stellen Sie ihn richtig und liefern Sie korrekte Informationen verbunden mit hilfreichen Tipps für Ihre Leser.

#31 – Sammlungen von kurzen Inputs

Wenn Ihre Inputs und Tipps zu kurz für einen Newsletter sind – denn mehr als zwei Zeilen sollten Sie im Normalfall schon liefern, damit der Inhalt zum Format Newsletter passt –, können Sie mit einem Kunstgriff arbeiten. Fassen Sie mehrere kurze Tipps oder Informationen zu einem Paket zusammen und geben Sie diesem Paket einen Namen, der zum Inhalt passt.

So können Sie z. B. „7 Tage – 7 Tipps"-Pakete schnüren und diese in kurzer Form und auf den Punkt in Ihrem Newsletter verteilen. Die einzelnen kleinen Tipps können Sie natürlich als Posts auf Ihren anderen Kanälen streuen.

Sollten Sie mehr Ideen und Material für kurze Posts brauchen … Sie finden eine Fülle davon im Buch „Was soll ich bloß posten?", das eine perfekte Ergänzung zu diesem Buch darstellt, wenn Sie nicht nur Ihren Newsletter, sondern alle Ihre Onlinekanäle regelmäßig mit guten Inhalten befüllen wollen. Hier geht es zum Buch – https://amzn.to/3b2npNj

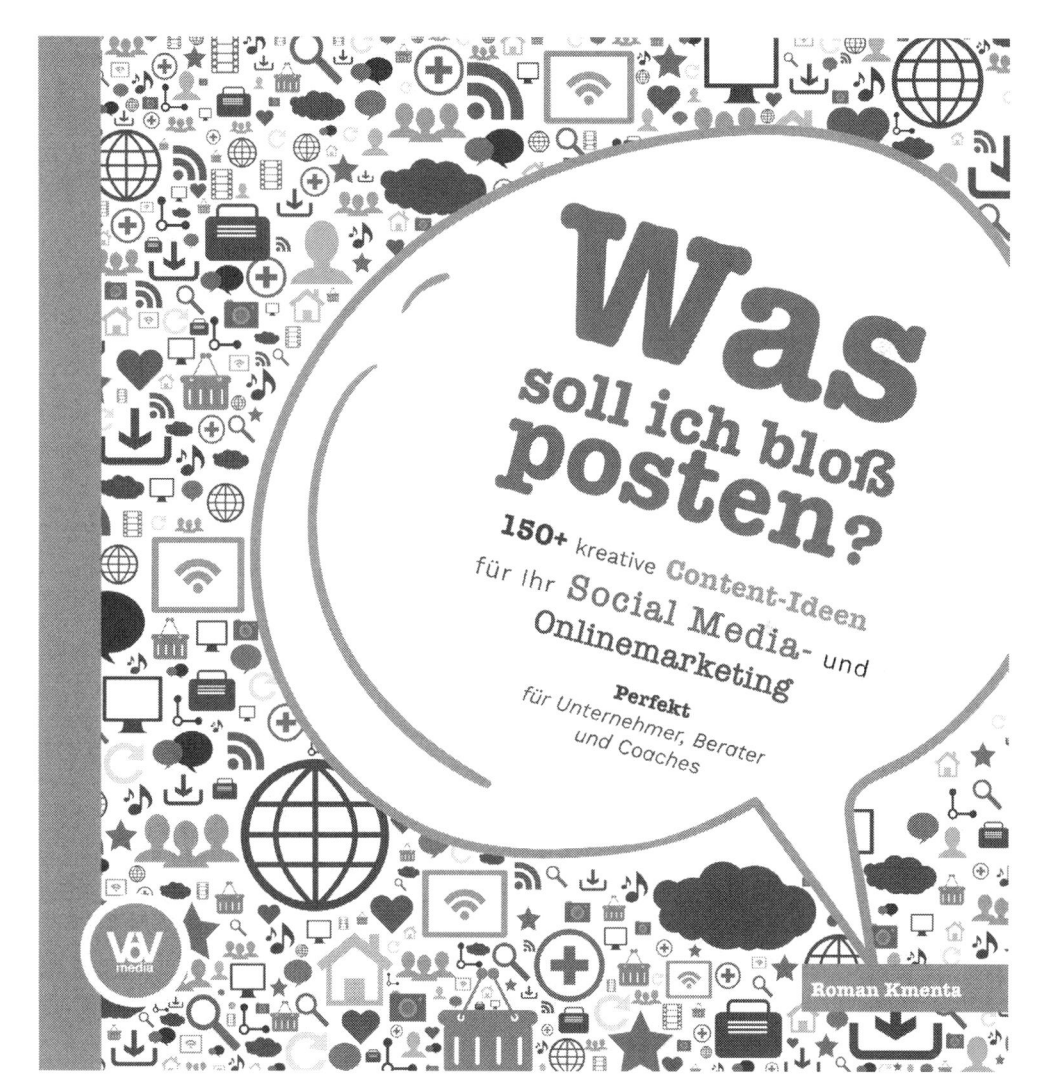

#32 – Gast-Newsletter

Müssen Sie Ihre Newsletter eigentlich immer selbst schreiben? Die Antwort ist ein klares Nein. Genauso gut könnten Sie Ihren Newsletter als Plattform zur Verfügung stellen und jede Woche eine andere Expertin, einen Businesspartner, Lieferanten oder auch Kunden einladen, die wöchentliche Ausgabe zu gestalten. Auch die eigenen Mitarbeiter könnten natürlich in die Rolle des Autors schlüpfen. Gleichzeitig muss ich auch eine Warnung aussprechen: Das klingt einfacher, als es ist.

Was vielleicht nach weniger Arbeit für Sie klingt, entpuppt sich oft als sehr viel mehr Arbeit. Wenn Sie Ihren Newsletter selbst schreiben, dann wissen Sie, welche Qualität Sie erhalten. Bei Gastschreibern können Sie dabei durchaus auch negativ überrascht werden. Hinzu kommt, dass es sehr mühsam sein kann, den Beiträgen nachzulaufen, wenn die Gastautoren nicht wie versprochen zeitgerecht liefern.

Das soll auch wieder nicht bedeuten, dass dieses Konzept keine gute Alternative für Sie sein kann. Was, wie ich aus Erfahrungen von Kollegen weiß, am besten funktionieren kann, ist, mit einer kleinen, aber feinen Schar handverlesener und zuverlässiger Gastautoren zu arbeiten und diese immer wieder zu Wort kommen zu lassen.

Die Frage, die Sie sich in diesem Zusammenhang vielleicht auch stellen, ist, ob man dabei nicht Mitbewerbern eine Plattform bietet. Wenn z. B. ein Ernährungsberater regelmäßig andere Ernährungsberater auf seinem Newsletter zu Wort kommen lässt, könnte das natürlich der Fall sein.

Die bessere Variante ist es allerdings, Gastautoren zu nutzen, die nicht exakt dasselbe machen wie Sie, sondern die Sie und ihre Leistungen ergänzen.

Ein paar Beispiele dazu:

- Lebensmittelhersteller als Gastautoren im Newsletter des Ernährungsberaters – oder auch umgekehrt,
- Fachautoren, die einen Newsletter des Verlages gestalten, in dem Sie ein Buch veröffentlicht haben,
- Redner, die einen Fachbeitrag für den Newsletter der Redneragentur schreiben, die sie vermittelt,
- Planer, Architekten, Baumaterialhersteller, Rechtsanwälte, Innenausstatter oder auch Investmentexperten, die Inhalte für den Newsletter eines Maklers zur Verfügung stellen.

Möglichkeiten, gemeinsam etwas zu tun, ohne sich zu stören oder gar Kunden wegzunehmen, gibt es viele. Und selbst mit einem direkten Mitbewerber kann man fallweise durchaus zusammenarbeiten und eine Win-Win-Aktion gestalten. Der Vorteil dieser Art von Kooperationen ist es, dass alle Kooperationspartner von der medialen Reichweite der anderen profitieren können.

#33 – Gastbeiträge von Mitarbeitern

Auch die eigenen Mitarbeiter könnten natürlich Beiträge für Ihren Newsletter schreiben und so ein wenig mehr Abwechslung in Ihren Content bringen bzw. helfen, die Arbeitslast besser zu verteilen. Die Herausforderung, einen qualitativ hochwertigen Newsletter mit einem durchgängigen Konzept zu gestalten, ist dabei dieselbe wie bei externen Gastbeiträgen. Nachdem es sich aber um Ihre eigenen Mitarbeiter handelt, ist es für Sie einfacher, einzugreifen, Inhalte nötigenfalls zu ändern und direktiver auf das Gesamtkonzept zu achten als bei Externen.

Dabei empfiehlt es sich, die Mitarbeiter nicht nur als Schreiber zu nutzen, sondern ein Konzept zu gestalten (einige der Ideen aus diesem Buch sind dafür durchaus passend), bei dem es ein Teil des Konzeptes bzw. sogar erforderlich ist, dass Ihre Mitarbeiter abwechselnd Beiträge dazu leisten.

#34 – Fremde Blogbeiträge

So wie Sie (wie vorhin beschrieben) Bücher besprechen und daraus Inhalte für Ihren Newsletter machen können, können Sie in sehr ähnlicher Weise mit fremden Blogbeiträgen vorgehen. In Ihrem Newsletter eine Zusammenfassung eines Blogbeitrages zu bieten, macht zwar im Normalfall keinen Sinn, da diese meist ohnehin schon kurz genug sind.

Eine Möglichkeit ist es allerdings, den Inhalt des – vielleicht recht allgemein und branchenneutral gehaltenen – Blogbeitrages auf Ihre Branche zu übertragen.

So könnte ein Baumaterialhersteller dem Handel und den Verarbeitern (Handwerkern) Tipps in Sachen Verkauf und Kundenservice per Newsletter geben, indem er als Basis dafür Blogbeiträge von Verkaufs- und Serviceexperten nimmt.

Es versteht sich von selbst, dass diese Vorgehensweise mit dem Autor des ursprünglichen Blogbeitrages abgesprochen werden sollte bzw. auch muss (aus moralischen und urheberrechtlichen Gründen). Darüber hinaus kommen aber auch noch zwei weitere Aspekte zum Tragen: Erstens können Sie so wieder die bereits mehrmals angesprochenen Synergieeffekte nutzen und gemeinsam davon profitieren.

Sie können aber auch noch einen Schritt weiter gehen und diese Idee mit der der Gastautoren verknüpfen. Für einen Blogautor ist es verhältnismäßig einfach und unaufwändig, seinen Beitrag für Ihre Branche umzuschreiben und anzupassen.

#35 – Kunden- und Leserfragen

Bekommen Sie regelmäßig interessante Kundenfragen? Dann könnte dieses Newsletter-Konzept ein sehr gut passendes und einfach umzusetzendes für Sie sein: Beantworten Sie die Kundenfragen in Ihrem Newsletter. Wählen Sie dabei die aus, die aus Ihrer Sicht auch möglichst viele andere Kunden bzw. Leser interessieren. Wenn die Fragen bzw. die Antworten darauf zu kurz sein sollten, fassen Sie ein paar davon zusammen und machen Sie ein Package, dem Sie, wie erwähnt, am besten auch einen Namen geben – „3 Fragen, 3 Antworten" zum Beispiel.

#36 – Experteninterviews

Anders als bei der Expertenvorstellung (siehe Konzept #8) ist ein Experteninterview vielleicht persönlicher und kann noch gezielter auf ganz bestimmten Fragen und Themenbereiche eingehen. So gesehen ist es einfacher, mit diesem Newsletter-Konzept wirklich interessante Inhalte für Ihre Leser zu bieten.

Ob Sie dieses Interview schriftlich, per Telefon oder gar per Video durchführen und es dann transkribieren lassen, bleibt Ihnen überlassen. Es hängt auch davon ab, ob Sie einen Kanal haben (z. B. auf YouTube oder einen Podcast), auf dem Sie dieses Interview zusätzlich nutzen können.

Bei der transkribierten Version müssen Sie allerdings darauf achten, dass das Endprodukt gut lesbar ist. Gesprochene und geschriebene Sprache sind oft zwei Paar Schuhe und nicht alles, was im Gespräch kurzweilig und interessant klingt, ist es auch noch, wenn man es liest.

#37 – Expertenmeinungen

Ein artverwandtes, aber doch unterschiedliches Konzept ist es, Experten-meinungen zu einem bestimmten – möglicherweise brandaktuellen – Thema einzuholen, die Sie dann in Ihrem Newsletter veröffentlichen. Dabei können Sie einen einzelnen Experten zu diesem Thema befragen oder aber auch mehrere Experten um Ihre Meinung zu einem bestimmten Thema bitten. Wenn es sich dabei um kurze Statements handelt, ist der Mehraufwand überschaubar.

Für Ihre Leser ist es vielleicht sogar spannender, die Aussagen mehrerer Experten zu einer Frage zu lesen – vor allem dann, wenn diese sehr kontrovers sind. Wenn alle dasselbe sagen würden, wäre es langweilig. Der zusätzliche Vorteil für Sie ist dabei, dass sie gleich mehrere potenzielle Unterstützer haben, die Ihnen dabei helfen können (und dies wahrscheinlich auch gerne tun), Ihre Reichweite zu vergrößern.

#38 – Ein Blick in die Zukunft

Über den Blick in die Vergangenheit haben wir bereits gesprochen und fest-gestellt, dass er Möglichkeiten für interessante Newsletter-Konzepte bietet. Doch auch der Blick entlang der Zeitachse in die andere Richtung, die Zukunft, hält eine Fülle von Material für Ihren Newsletter bereit.

Das Schöne an der Zukunft ist, dass sie noch nicht stattgefunden und daher hochgradig unbestimmt ist. Vieles, vielleicht sogar alles ist möglich.

So viel sogar, dass sich eine eigene Spezies von Experten – die Zukunfts-forscher – entwickelt hat. Doch nachdem Zukunftsforscher kein Beruf ist, den man erst nach langer und abgeschlossener Ausbildung ausüben darf, können auch Sie zum Zukunftsforscher oder auch Orakel für Ihren Bereich, Ihre Branche werden. Darüber, dass Ihre Aussagen nicht immer eintreffen werden, brauchen Sie sich keine Sorgen zu machen. Alle Experten, die Prognosen die Zukunft betreffend abgeben, liegen oft daneben, manchmal auch meilenweit.

Besonders in Branchen, in denen es viel Veränderung gibt und bzw. oder die vielleicht auch hochgradig von Technik bestimmt sind, bietet sich ein Blick in die Zukunft an. Dabei können sie so wie beim Blick in die Vergangenheit auch unterschiedlich weit in die Zukunft blicken – je weiter, desto spannender, weil längere Zeiträume natürlich sehr viel mehr Veränderungen ermöglichen. Doch den Blick zu weit nach vorne schweigen zu lassen, kann kontraproduktiv sein. Die Leser denken sich dann vielleicht, dass sie diese Zukunft nicht mehr erleben werden und sind daher nicht an ihr interessiert.

Varianten für Ihren Zukunftsnewsletter könnten daher z. B. sein:

- Heute in fünf Jahren,

- Heute in zehn Jahren,

- Jahresrückblick 2035 – die wichtigsten Ereignisse des Jahres in der XY-Branche.

Mit diesem Konzept begeben Sie sich auf unbekanntes Terrain. Ob Sie dabei möglichst nahe an Fakten und wissenschaftlichen Erkenntnissen bleiben oder Ihrer Fantasie freien Lauf lassen, entscheiden Sie selbst. Alles ist möglich. Je nachdem wie Sie dieses Konzept interpretieren und was Sie letztlich daraus machen, kann es für Ihre Leser informativ, lehrreich oder auch einfach nur unterhaltsam sein.

Etwas kostenlos anzubieten, verschafft einen ersten und sehr einfachen Zugang zu Ihrer Zielgruppe. Daher hat es sich im Rahmen des Content-Marketings auch bewährt, relativ viel kostenlos herzugeben, wo es früher noch Hemmungen gab, das zu tun.

Im Prinzip ist auch jeder gut geschriebene Blogbeitrag, den Sie als Newsletter verteilen, bereits wertvoller, aber im Normalfall kostenloser Inhalt. Bei den Konzepten in diesem Abschnitt möchte ich den Gedanken allerdings noch einen Schritt weiterführen. Es wird um Inhalte gehen, die normalerweise verkauft werden oder zumindest verkaufbar wären.

Wenn Sie Ihren Newsletter-Lesern mitteilen, dass die Informationen, die Sie im Newsletter verschicken, nur für sie kostenlos sind und ansonsten verkauft werden, steigert das den Wert Ihres Newsletters in den Augen Ihres Zielpublikums.

Teilweise sind es auch hybride Konzepte, die ein Kaufprodukt mit kostenlosen Inhalten vermischen. Hier klare Abgrenzungen zu machen, ist schwierig, aber auch nicht unbedingt nötig, wie Sie sehen werden.

#39 – E-Mail-Kurse

Ein ganz anderer Zugang ist es, Ihren Newsletter als Kurs zu denken. Dieser kann dann aus Einheiten bestehen, die aufeinander aufbauen. Dadurch wird es möglicherweise etwas aufwendiger, den Newsletter zu gestalten. Gleichzeitig wird er dadurch für Ihre Leser aber viel wertvoller.

So ein Newsletter in Kursform könnte dann schon komplett vorbereitet sein und für jeden Leser, der sich neu registriert, von vorne beginnen und jede Woche automatisch eine neue Kurseinheit liefern. Berechtigterweise könnte man sich hier fragen, ob das noch ein Newsletter ist. Das ist dieses Konzept sicher nicht im klassischen Sinn, zumal auch niemals alle Adressaten dieselbe E-Mail bekommen, da sie mit dem Newsletter ja zu unterschiedlichen Zeitpunkten begonnen haben. Ich würde dieses Konzept als Sonderform bezeichnen. Doch egal ob es noch ein Newsletter im herkömmlichen Sinn ist oder nicht – wenn Sie meinen, das Konzept passt für Ihr Business und Ihre Leser, kann es ein sehr sinnvolles Konzept für Sie sein.

So einen Newsletter-Kurs können Sie für einen gewissen Zeitraum gestalten (z. B. 52 Einheiten in 52 Wochen), um dann mit einem Folge-Newsletter-Kurs für Fortgeschrittene oder einem anderen klassischen Newsletter-Konzept fortzufahren.

Viele haben auch Angst, dabei vielleicht zu viel wertvollen Content kostenlos herzugeben, den sie stattdessen auch verkaufen können. Das ist natürlich etwas, was gut überlegt sein sollte. Wo die sinnvolle Grenze zwischen kostenlosen und bezahlten Inhalten liegt, kann nur im Einzelfall individuell definiert werden.

Meiner Meinung nach ist die Gefahr, zu viel kostenlos herzugeben, nicht so groß, wie viele meinen. Wichtig ist dabei vor allem, dass Sie immer noch etwas Größeres und Besseres haben, das Ihre Leser kaufen können – einen klassischen Upsell. So könnten Sie eine Pro Version Ihres kostenlosen Newsletter-Kurses gegen Bezahlung anbieten und das in jeder wöchentlichen Ausgabe Ihres Newsletters.

#40 – In kleine Einheiten aufteilen

Es ist auch denkbar, ein Produkt, das Sie verkaufen, zu nehmen, in kleine Teile aufzuspalten und diese per wöchentlicher E-Mail als Newsletter zu verschicken. So könnte ich etwa dieses Buch hier dafür nutzen und jede Woche mit einem der Newsletter-Konzepte, die ich hier vorstelle, eine E-Mail an meine Leserschaft senden.

Auch in dem Fall – wie bei allen direkten Verknüpfungen mit Kaufprodukten – würde es sich anbieten, das komplette Produkt in jeder Newsletter-Folge auch zum Kauf anzubieten. Der Kunde hat so die Wahl, zu warten und das Produkt kostenlos, aber eben stückchenweise zu erhalten oder es gleich ganz zu bekommen und dafür zu bezahlen.

#41 – Varianten eines Produktes

Wenn Sie etwas verkaufen, von dem es viele, vielleicht sogar unendlich viele Varianten gibt, dann können Sie jeweils eine der Varianten kostenlos in Ihrem Newsletter verschicken. Beispiele für Geschäfte, wo sich dieses Konzept sehr gut eignet, sind etwa:

- Ein Handarbeitsgeschäft oder Hersteller von Wolle, der die Strickvorlagen für einzelne Produkte im Newsletter erklärt.

- Ein Lebensmittelhändler bzw. -hersteller, ein Koch, eine Ernährungsberaterin oder auch ein Restaurantinhaber können Kochrezepte per Newsletter verschicken.

- Ein Hersteller oder Händler von Stoffen kann Schnittmuster zum Selbstnähen im Newsletter zur Verfügung stellen.

- Eine Fitnesstrainerin, ein Hersteller oder Händler von Nahrungsergänzungsmittel für den Muskelaufbau oder auch von Trainingsgeräten können den Newsletter mit immer neuen Übungen füllen.

Haben Sie in Ihrem Bereich etwas, von dem es viele Varianten gibt und das von Ihren Lesern als potenziell wertvoll angesehen wird? Dann könnte dieses Konzept ein sehr passendes und einfach umsetzbares für Sie sein.

#42 – Tipps plus kostenlose Angebote

Das als #22 beschriebene Konzept mit Tipps, Tricks und Know-how aller Art können Sie noch ausbauen und attraktiver machen, wenn Sie zu jedem Tipp auch die dazu passende Checkliste oder ein ähnliches Gratisprodukt hinzufügen. Die Wahrscheinlichkeit, dass sich Ihre Leser diese Checkliste downloaden, steigt, wenn diese genau auf den beschriebenen Tipp abgestimmt ist.

Das ist zugegebenermaßen eine Menge Arbeit. Allerdings bauen Sie damit sehr wertvolle Assets auf, die Ihnen weit über den unmittelbaren Newsletter hinaus Nutzen bringen.

Als sehr interessanten Zusatzeffekt haben Sie in diesem Fall natürlich jenen, dass Sie mit diesen Freebies (kostenlosen Produkten) nicht nur Ihre bestehenden Leser beglücken, sondern damit auch sehr gut neue Leser gewinnen können, indem sie an geeigneten Stellen auf Ihren Onlinekanälen posten und verteilen.

#43 – Kostenlose Angebote von anderen

Doch auch in diesem Bereich müssen Sie nicht die ganze Arbeit selbst machen. Wer sagt, dass es (immer) eigene kostenlose Angebote sein müssen, mit denen Sie Ihren Newsletter befüllen. Sie könnten Ihren Newsletter auch ganz auf interessante und wertvolle Gratisangebote ausrichten und in jeder Ausgabe ein solches Angebot eines anderen Kooperationspartners versenden.

Das bringt viel Abwechslung in Ihren Newsletter, da Sie wahrscheinlich viel mehr unterschiedliche gratis Angebote anbieten können, als Sie selbst zu produzieren in der Lage sind.

Diese Angebote müssen nicht nur digitale Produkte sein. In den letzten Jahren hat es sich auch immer mehr durchgesetzt, physische Produkte zu verschenken, um damit Adressen zu gewinnen. Oft sind das gedruckte Bücher. Der Vollständigkeit halber sei erwähnt, dass diese Angebote meistens so aufgebaut sind, dass das Buch selbst gratis ist, die Versandkosten allerdings verrechnet werden.

Während ich das schreibe, liegt z. B. hier neben mir auf meinem Schreibtisch ein sehr schön und wertig gemachtes Kartenset mit Fragen für Jobinterviews – mit dem Angebot, dieses meinen Lesern als Freebie anzubieten. Nebenbei können Sie mit solchen Kooperationen auch noch zusätzlich Geld über Affiliate-Provisionen verdienen. Meist an Folgekäufen, aber teilweise sogar am Gratisangebot selbst.

Wenn Sie es schaffen, regelmäßig wirklich spannende und wertvolle, aber kostenlose Angebote von Kooperationspartnern zu beschaffen, die auch zu Ihrem Business und Ihrer Positionierung passen, kann das für Sie ein sehr interessantes Newsletter-Konzept sein.

Konzepte,
die etwas verkaufen

Lassen Sie uns nun zu jener Art von Konzepten für Newsletter kommen, an die viele ohnehin sofort denken, wenn es um Newsletter geht: etwas per Newsletter direkt zu verkaufen. Dass diese Denkweise zu kurz greift und nicht empfehlenswert ist, wenn es um die nachhaltige Arbeit mit Newslettern geht, habe ich bereits an früheren Stellen in diesem Buch erwähnt. Doch wie immer im Leben gibt es auch dafür Ausnahmen, bei denen es absolut Sinn macht, ab und an etwas zum Kauf anzubieten (nach mehreren rein informativen Newsletter-Ausgaben) oder Ihren Newsletter auch ausschließlich dem Verkauf von Produkten zu widmen.

#44 – Neue eigene Produkte

Natürlich können Sie (und sollten Sie auch unbedingt) eigene Produkte oder Dienstleistungen in Ihrem Newsletter vorstellen und zum Kauf anbieten. Wenn Sie ausreichend viele und regelmäßig neue haben, können Sie auch jede Newsletter-Ausgabe einem neuen Produkt widmen. Wenn dies nicht der Fall ist (wie wahrscheinlich bei den meisten, die wöchentliche Newsletter versenden), dann widmen Sie eben nur jede x-te Ausgabe einem neuen eigenen Produkt.

Natürlich können Sie in sinnvollen Abständen bereits länger bestehende Produkte in Ihrem Newsletter wieder vorstellen. Dabei muss es sich aber – weder in dem einen noch in dem anderen Fall – um Aktionen und preisgesenkte Angebote handeln.

Auch wenn die Idee für viele beinahe fremd klingen mag, man kann Produkte auch vorstellen und verkaufen, ohne diese unbedingt mit einem Nachlass anbieten zu müssen (wenngleich das Sinn machen kann, wenn die passende Strategie dahintersteckt).

#45 – Eigene Schnäppchenangebote

Ein entsprechendes großes Produkt- bzw. Leistungssortiment vorausgesetzt, können Sie Ihren Newsletter aber auch vollständig und mit jeder Ausgabe (Preis-)Aktionen und Schnäppchen widmen. Das ist etwas, das nur für sehr spezielle Geschäftsmodelle in bestimmten Branchen (eher B2C) Sinn macht und funktionieren kann.

Vor allem vom Handel, speziell von den Discountern, wird dieses Konzept gerne und durchaus erfolgreich verwendet. Sie sind es auch, die im Prinzip dasselbe Konzept lange schon verwendet haben, bevor es digitale Newsletter gab – traditionell in Form von Flugblättern und Aktionsprospekten.

#46 – Fremde Schnäppchen

Analog zu dem Bewerben fremder Gratisangebote (Konzept #43) können Sie natürlich in Ihrem Newsletter laufend fremde Schnäppchen und Angebote bewerben. Suchen Sie jede Woche die besten, attraktivsten Schnäppchen in Ihrer Branche heraus und verpacken Sie diese in Ihren Newsletter.

Das ist auch ein Konzept, das Experten in verschiedenen Bereichen – in Kombination mit hochwertigen, informativen Know-how-Beiträgen – nutzen können. Vor allem dann, wenn sie selbst keine Produkte verkaufen.

Ein paar Beispiele dafür:

- Die Fitnesstrainerin, die auf Angebote bei Trainingsgeräten oder Fitnesscentermitgliedschaften hinweist.
- Der Ernährungsberater, der besonders attraktive Angebote im Bereich Nahrungsergänzungsmittel empfiehlt.
- Der Koch, der in seinem Newsletter den Lesern verrät, wo sie diese Woche hochwertige, aber preisgünstige Lebensmittel am besten kaufen können.
- Der Sommelier, der dasselbe mit Weinangeboten macht.
- Der Reisebuchautor, der Angebote von Reiseveranstaltern durchforstet und die besten in seinem Newsletter bewirbt.

Auch dazu gibt es noch viele weitere Möglichkeiten in weiteren Branchen. Wenn Sie dieses Konzept für Ihren Newsletter verfolgen, sollten Sie allerdings darauf achten, dass das Ganze nicht billig wirkt. Ihr Ruf und Ihr Image als Experte könnten darunter leiden.

Zu guter Letzt kommen wir noch zu Newsletter-Konzepten, die sich traditionell großer Beliebtheit erfreuen und mit denen Sie bei Ihren Lesern wahrscheinlich viele Sympathiepunkte sammeln. Es geht dabei um Newsletter-Inhalte, deren einzige Aufgabe, deren vorwiegendes Ziel es ist, die Leserinnen und Leser zu unterhalten und vielleicht sogar zum Lachen zu bringen.

Humorvolle Inhalte gehören zu den am meisten geteilten. Zu jenen, die die meisten Likes in den sozialen Medien erhalten. Warum machen das dann nicht alle? Weil es nicht zu jedem Geschäftsmodell und jeder Branche passt – meinen viele. Doch gerade in Branchen, wo Unterhaltung und Humor unangebracht erscheinen oder sogar verpönt sind, können Sie – etwas Mut, Kreativität und Fingerspitzengefühl vorausgesetzt – genau dadurch auffallen und frischen Wind in die Sache bringen.

Der zweite Grund, warum Unterhaltung und Humor nicht häufiger in Newslettern vertreten sind, ist der, dass es gar nicht so einfach ist, gezielt und auf Knopfdruck Humorvolles und Unterhaltsames zu produzieren. Um hier Abhilfe zu schaffen, gebe ich Ihnen jetzt noch ein paar Ideen und Tipps für entsprechende Konzepte.

#47 – Rätsel und Denksport

Rätsel und Denksportaufgaben aller Art sind z. B. etwas, was Sie in Ihrem Newsletter verarbeiten könnten. Ob das Sudokus, Bilderrätsel oder Worträtsel sind, hängt auch hier wieder von Ihrem Geschäft und Ihrer Zielgruppe ab.

Keine Angst, Sie müssen sich die Rätsel und Denksportaufgaben nicht selbst ausdenken. Es gibt Webseiten, auf denen sich andere bereits die Mühe gemacht haben, Rätsel zu erdenken und online zur Verfügung zu stellen ... und das oft sogar kostenlos:

Hier sollten Sie zum Beispiel fündig werden:

- https://www.janko.at/Raetsel/index.htm
- https://www.raetseldino.de/knobelaufgaben.html
- https://www.raetselstunde.de/
- https://www.logisch-gedacht.de/

Wie Sie sehen (wenn Sie diese Seiten besuchen), sind die Rätsel meist auch übersichtlich kategorisiert und in verschiedene Schwierigkeitsgrade unterteilt. Wenn Sie aus dem Fundus solcher Seiten schöpfen, dann stellen Sie unbedingt sicher, dass Sie diese Rätsel auch in Ihrem Newsletter verwenden dürfen, um rechtliche Probleme zu vermeiden.

Idealerweise treffen Sie eine so gute Auswahl an interessanten Rätseln, dass Ihre Leser jede Woche gespannt auf Ihren Newsletter warten und dem nächsten Rätsel entgegenfiebern.

Doch das wirklich elegante an diesem Konzept ist, dass die Leser natürlich die Lösung wissen wollen. Wenn sie selbst darauf kommen, wollen sie überprüfen, ob es die richtige Lösung ist. Und wenn sie nicht auf die Lösung kommen, ist es umso wichtiger, dass Sie ihnen sagen, wo sie die Lösung finden können ... Und dieser Ort ist natürlich Ihre Webseite. So gesehen kann diese Art von Newsletter den Zweck, Ihre Leser auf Ihre Webseite zu bringen, möglicherweise besser erfüllen als so manch anderes Konzept.

Wenn Sie dieses Konzept noch weiter ausbauen wollen, können Sie die Lösung des Rätsels der Woche natürlich auch noch mit einem Gewinnspiel verbinden. Sie sehen, mit ein wenig Kreativität ergeben sich viele zusätzliche Möglichkeiten für Ihren Newsletter.

#48 – Der Witz der Woche

Witze sind seit jeher etwas, was Menschen gerne hören oder auch lesen. Liefern Sie in Ihrem Newsletter jede Woche einen guten Witz, einen wirklich guten wohlgemerkt, und Sie haben ein Konzept, das sehr gut funktionieren kann. Voraussetzung ist hier – wie bei den Rätseln –, dass Sie eine sinnvolle und nachvollziehbare Verbindung zu Ihrem eigentlichen Geschäft herstellen. Wenn Sie Komikerin oder Kabarettist sind, dann ist das einfach. Doch ich vermute, nur wenige Leser sind das.

Was es noch herausfordernder macht, ist, dass Witze ein gefährliches Pflaster geworden sind. Viele davon sind nicht politisch korrekt (was ja oft genau das ist, was sie lustig und interessant macht) und der Trend zu politisch korrektem Verhalten – zumindest in der Öffentlichkeit – hat sich in den letzten Jahren deutlich verschärft. Im privaten Kreis werden sie natürlich trotzdem erzählt. Aber wenn Sie Witze als Inhalte für einen Newsletter verwenden, dann müssen Sie diesbezüglich sehr vorsichtig sein. Die Fallstricke der politischen Korrektheit können an Orten lauern, wo zumindest ich sie noch vor einem oder zwei Jahren niemals vermutet hätte.

Was Sie für dieses Konzept brauchen, sind also „saubere" Witze. Zum Glück gibt es auch hier – wie bei den Rätseln – jede Menge Seiten im Internet, die Witze kostenlos anbieten. Auch hier ist das Thema rechtefreie Nutzung natürlich zu beachten.

Ein paar Seiten wo Sie diesbezüglich fündig werden können, sind die folgenden:

- https://witze.at/
- http://witze.de/
- https://rp-online.de/panorama/top-ten-der-besten-witze_iid-10955801
- https://www.programmwechsel.de/
- https://www.aberwitzig.com/
- https://www.witze-paradies.de/

Viele Witze sind sehr kurz und dadurch für einen Social-Media-Post gut nutzbar – für einen Newsletter aber ungeeignet. Was Sie in diesem Fall machen können, ist: Entweder bringen Sie in jedem Newsletter eine kleine Sammlung von Witzen oder Sie fügen den Witz der Woche als kleine, humorvolle Ergänzung zu Ihrem anderen Newsletter-Content hinzu.

Alles in allem sind Witze als Newsletter-Inhalt zwar ein für den Leser unterhaltsamer, aber für Sie als Schreiber kein ganz einfacher Inhalt.

#49 – Lustige Geschichten

In mancherlei Hinsicht einfacher als Witze und mindestens genauso gerne gelesen werden unterhaltsame, lustige, kurze Geschichten. Es gibt einige Branchen, wo sich die tägliche Praxis solche Geschichten am laufenden Band liefert.

Schadensmeldungen und Briefe an Versicherungen sind oft – ungewollt – komisch formuliert. Wenn sich die Schreiber bemühen, den Sachverhalt möglichst korrekt formuliert darzustellen, kommt dabei bisweilen etwas sehr Unterhaltsames heraus.

Lustige Formulierungen finden Sie z. B. hier:

- https://www.versicherung-hofer.de/witzige-schadensmeldungen.html
- https://www.programmwechsel.de/lustig/geschichten/briefe-versicherungen.html
- https://www.tcwords.com/die-lustigsten-schadensmeldungen-an-versicherungen/

Die kurzen Formulierungen aus Schadensmeldungen müssen gegebenenfalls auch in kleinen Sammlungen für Newsletter zusammengefasst werden. Es gibt aber auch lustige und kuriose Abläufe von Schadensfällen, die erzählenswert sind und leicht einen Newsletter füllen.

Ähnlich Lustiges und Kurioses haben sicher auch folgende Berufsgruppen zu berichten:

- Ärzte,
- Polizisten (falls jene einen Newsletter verfassen wollen würden),
- Einzelhändler,
- Gastwirte,
- Hoteliers.

Das Konzept, den Newsletter mit unterhaltsamen und kuriosen Geschichten zu füllen, kann überall dort genug Inhalte liefern, wo es viel Kontakt mit unterschiedlichsten Menschen gibt. Ich bin überzeugt, dass Finanzämter und

Steuerprüfer einen hervorragenden und gerne gelesenen Newsletter damit füllen könnten (vermute aber, dass das nicht geplant ist).

#50 – Aktionstage

Es gibt eine Vielzahl internationaler Aktions-, Gedenk- und sonstiger spezieller Tage – ganz traditionelle, die bereits seit Jahrhunderten begangen oder gefeiert werden, aber auch ganz neue, oft nicht ganz ernst zu nehmende, die erst in den letzten Jahren ins Leben gerufen wurden.

Auf Wikipedia finden Sie eine – vermutlich recht vollständige – Liste dieser Tage – https://de.wikipedia.org/wiki/Liste_von_Gedenk-_und_Aktionstagen. Eine Sammlung der kuriosen und lustigen finden Sie hier – https://www.kuriose-feiertage.de/kalender/.

Die traditionellen und oft seriösen kennen Sie vermutlich alle, aber wussten Sie, dass es folgende Tage gibt?

- Den Weltknuddeltag am 21. Januar
- Den Tag des Regenwurms am 15. Februar
- Den Welttag der Rohrleitungen am 11. März

Auch hier besteht die Herausforderung darin, diese in Verbindung mit Ihrem Unternehmen zu bringen und daraus unterhaltsame Newsletter-Inhalte zu machen.

Sie könnten jede Woche einen dieser Tage auswählen und ihn in Ihrem Unternehmen feiern. Ich bin überzeugt, mit einem Brainstorming im Team (oder mit Ihnen selbst, wenn Sie keines haben) kommen Sie auf eine Reihe kurioser, ausgefallener und lustiger Ideen dafür.

Nebenbei bemerkt: Dieses Konzept könnte nicht nur im Bereich „lustige Ideen für Newsletter" angesiedelt sein, sondern vielleicht sogar ein Konzept für ernsthaftere Inhalte darstellen – ganz abhängig von Ihrer Branche.

#51 – Zitate und Sinnsprüche

Unterhaltung muss nicht immer lustig sein. Auch Gedanken, Zitate und Sinnsprüche, die zum Nachdenken anregen, können unterhalten.

Da Zitate und Sinnsprüche meist sehr kurz sind, brauchen Sie noch zusätzliches Material, um damit Ihren Newsletter zu füllen. Eine Idee ist es, zu jedem Zitat Ihre eigenen Gedanken in Worte zu fassen und diese – als Kommentar sozusagen – dem Zitat beifügen.

Um die Idee zu verdeutlichen, ein Beispiel aus einem Zitatebuch für Unternehmer, das ich publiziert habe:

Beginne, bevor du bereit bist.

Was fehlt dir noch, um zu beginnen?
Der richtige Zeitpunkt? Der ist jetzt!
Der richtige Ort? Der ist hier!
Die richtigen Umstände? Die erschaffst du!
Ist das alles perfekt? Nein!
Doch wer sagt, dass es das sein muss?
Der Erfolg liegt nicht in der Perfektion, sondern im Tun.
Es ist wie beim Radfahren.
Die Stabilität kommt erst dadurch,
dass du aufsteigst und in die Pedale trittst.

Wenn Sie übrigens mehr davon lesen wollen, dann finden Sie das Buch, das sich auch sehr gut als Geschenk eignet, hier https://amzn.to/3nCjCJy .

Abhängig davon, was Sie ausdrücken wollen, kann das auch ganz anders geschrieben sein, als ich es gemacht habe.

Zitate – auch zu Ihrer Tätigkeit passend – gibt es nahezu endlos viele und Ihre Gedanken dazu als Kommentar zu verfassen, ist auch nicht sehr aufwendig. Das ist ein Newsletter-Konzept, bei dem Sie den Newsletter sogar für längere Zeit (sogar für ein ganzes Jahr ist denkbar) vorbereiten können, da diese Inhalte zeitlos sind.

#52 – Eine Kombination mehrerer Konzepte

Das letzte Konzept, das ich Ihnen im Rahmen dieses Buches vorstellen möchte, ist eines, das alle anderen Konzepte umfasst. Wenn Sie auf Abwechslung setzen wollen, können Sie Ihr Newsletter-Konzept auch aus einer Kombination mehrerer der in diesem Buch präsentierten Ideen zusammenstellen. Bei dieser Kombination gibt es zwei Varianten.

Variante 1: Sie können zwei bis drei der Konzepte in einem Newsletter kombinieren. Ich selbst habe – im Normalfall – in meinem wöchentlichen Newsletter einen Teaser zum aktuellen Blogartikel sowie den Hinweis auf den wöchentlichen Podcast. Ab und an, z. B. beim Launch eines neuen Buches, kommt noch ein dritter Punkt dazu. Dieses Gesamtkonzept ist seit Jahren immer dasselbe.

Variante 2: Nutzen Sie in jeder Newsletter-Ausgabe ein anderes Konzept – einmal ein Experteninterview, das nächste Mal die Erfolgsstory eines Kunden und im darauffolgenden Newsletter ein Zitat plus Gedanken dazu usw. Im Extremfall können Sie sogar alle Konzepte in diesem Buch verwenden und die wöchentlichen Ausgaben Ihres Newsletters mit ständig wechselnden Inhalten füllen. So könnten Sie sozusagen die Abwechslung und Vielfalt zu Ihrem Markenzeichen erheben. Auch das ist natürlich machbar, aber potenziell verwirrend für die Empfänger.

Die nächsten Schritte

Sollten Sie nicht ohnehin schon seit längerem einen Newsletter betreiben und die Inhalte dieses Buches nutzen, um diesen zu optimieren, sind Sie jetzt, nachdem Sie das Buch gelesen haben, bereit, mit der Umsetzung zu starten.

Die konkreten nächsten Schritte (in vereinfachter, zusammengefasster Form), wenn Sie Ihren Newsletter betreffend noch ganz am Anfang stehen, sind folgende:

1. Newsletter-Software auswählen (Vorschläge dazu im Ressourcenbereich),
2. Konzept festlegen,
3. Frequenz des Newsletters festlegen (wöchentlich, zweiwöchentlich, monatlich),
4. Namen für Newsletter finden,
5. Vorlage für den Newsletter auswählen bzw. gestalten,
6. einen Header mit Logo für den Newsletter gestalten (lassen),
7. Content für eine Reihe von Newsletterausgaben vorproduzieren,
8. loslegen und den ersten Newsletter versenden.

Machen Sie nicht den Fehler, zu lange zu warten – auf das perfekte Konzept, den idealen Namen und schon gar nicht, bis Sie ausreichend Abonnenten für Ihren Newsletter haben.

Auch, wenn es erst fünf oder zehn sein sollten, wollen diese natürlich ab sofort einen Newsletter erhalten und nicht erst dann, wenn Ihre Liste auf 100 oder 1.000 angewachsen ist.

Das hat außerdem den Vorteil, dass Sie Ihren Newsletter leichter verändern können, solange Sie nur wenige Leser haben. Bei 100.000 Lesern will eine Konzeptänderung sehr gut überlegt sein, bei 100 ist das Risiko sehr gering.

Natürlich gibt es auch noch jede Menge anderer, interessanter und auch wichtiger Informationen, wenn es um das erfolgreiche Betreiben Ihres News- letters geht. Viele davon sind nicht Thema dieses Buches, in dem ich mich – gemäß dem Titel – vor allem auf den kreativen Teil der Contenterstellung – konzentriert habe.

Die meisten davon sind allerdings nicht so relevant, dass Sie ohne diese nicht beginnen könnten.

Im Grunde gibt es vor allem drei Dinge, die erfolgreiche Newsletter ausmachen:

- ein Konzept, das zur Zielgruppe passt,
- die konsequente und regelmäßige Umsetzung (viele Newsletter scheitern,
  weil genau das nicht gemacht wird),
- anfangen und den ersten Newsletter verschicken!

Ich wünsche Ihnen viel Erfolg dabei!

Ihr

Rezension

Hat Ihnen das Buch gefallen? Ich würde mich sehr freuen, wenn Sie mir eine kurze Rezension auf Amazon hinterlassen. Vielen herzlichen Dank!

Über den Autor

Marketing- und Preisexperte Roman Kmenta ist seit mehr als 30 Jahren als Unternehmer, Keynote Speaker und Bestsellerautor international tätig. Der Betriebswirt und Serienunternehmer stellt seine langjährige, internationale Marketing- und Verkaufserfahrung im B2B- wie B2C-Bereich heute über 100 Top-Unternehmen sowie vielen Kleinunternehmen und Einzelunternehmern in Deutschland, der Schweiz und Österreich zur Verfügung.

Mehr als 25.000 Menschen lesen wöchentlich seinen Blog bzw. hören seinen Podcast. Mit seinen Vorträgen gibt er Verkäufern, Führungskräften und Unternehmern Denkanstöße zum Thema „Profitables Wachstum" und setzt bei seinen Zuhörern und Lesern Impulse in Richtung eines wertorientierten Verkaufs- und Marketingansatzes.

www.romankmenta.com

Glossar/Begriffserklärung

Nachfolgend finden Sie die wichtigsten Fachausdrücke, die ich im Buch verwendet habe, kurz erklärt.

Affiliate

Ein Affiliate ist ein Vermittler im Rahmen des internetbasierten Marketings bzw. des Onlinehandels. Er lotst Kontakte auf eine Angebotsseite und erhält eine Provision, wenn sie auf dieser Seite bzw. über einen speziellen Link einkaufen.

Anteasern/Teaser

Anteasern bezeichnet das kurze Anreißen eines Themas mit ein paar wenigen Worten oder Sätzen (ein Teaser) mit dem Ziel, das Interesse der Leser zu wecken und diese dazu zu bringen, weiterzulesen.

B2B/B2C

B2B steht für Business-to-Business und bezeichnet Geschäfte, bei denen ein Unternehmen an ein anderes Unternehmen verkauft. Im Rahmen von B2C, Business-to-Consumer-Geschäften, verkauft ein Unternehmen an Privatpersonen.

Blog

Ein Blog ist ein meist in Textform gehaltenes Onlinejournal, das Beiträge und Artikel aller Art und zu allen Themen enthalten kann.

Content

Mit Content werden im Online-Marketing digitale Inhalte aller Art für Social-Media-Posts, Blogbeiträge, Podcasts, Videos etc. bezeichnet. Diese können in den unterschiedlichsten medialen Formen – als Text, als Bild, in Form von Videos oder auch als Tonaufnahmen – aufbereitet sein.

Conversion

Conversion bezeichnet das Voranschreiten von einer Phase des Marketing- bzw. Verkaufsprozesses in die nächste. So convertieren Besucher einer Webseite etwa zu Newsletter-Abonnenten, wenn die sich für diesen registrieren. Interessenten, die ein Kaufanbot annehmen, sind nicht länger nur Interessenten – sie werden (convertieren) zu Kunden.

Conversion Rate

Die Conversion Rate ist die in Prozenten ausgedrückte Umwandlungsrate, bei der ein im Verkaufs- bzw. Marketingprozess in den nächsten wechselt. Wenn aus 100 Angeboten 50 kaufende Kunden entstehen, dann beträgt die Conversion Rate 50 %.

Double Opt In

Das sogenannte Double-Opt-in ist ein Verfahren (zweifaches Zustimmungs-verfahren), das sicherstellt, dass neue Newsletter-Abonnenten den Newsletter auch tatsächlich erhalten wollen. Dabei muss nach dem Eintragen der E-Mail-Adresse an den neuen Abonnenten noch eine E-Mail verschickt werden (daher „zweifach"), die dieser bestätigen muss, um die Registrierung rechtlich sauber und gültig zu gestalten. Die europäische DSGVO (Datenschutzgrund-verordnung) schreibt dieses Verfahren vor.

Freebie

Freebie ist ein umgangssprachlicher Ausdruck im Online-Marketing, der ein Gratisangebot, meist in digitaler Form (ein E-Book, eine Checkliste, einen Minikurs etc.) bezeichnet.

Influencer

Influencer sind Meinungsmacher, die vor allem online und auf Social Media viele Kontakte (oft 100.000 oder gar Millionen) haben.

Klickrate

Die Klickrate ist eine spezielle Form der Conversion Rate. Sie ist die Maßzahl für den Prozentsatz von Betrachtern einer digitalen Botschaft, die diese anklicken und so bekunden, dass sie im Verkaufs- oder Marketingprozess vorangehen wollen.

Likes

Likes sind Zustimmungserklärungen zu einem digitalen Inhalt – meist in den sozialen Medien.

Liste

Die Liste ist eine Adressliste, die für die Aussendung von Newslettern (und anderen E-Mails) genutzt werden kann.

Newsletter-Software

Newsletter-Software ist eine spezielle Art von Programmen, deren Funktionalität in Bezug auf Newsletter jene der Standard-E-Mail-Programme übersteigt. Sie kann Newsletter an eine große Anzahl von Empfängern gleichzeitig verschicken und abhängig von den digitalen Reaktionen der Empfänger (Klicks) automatisiert weitere E-Mails versenden sowie das Verhalten der Empfänger analysieren. Im Ressourcen-Bereich zum Buch finden Sie verschiedene Tools.

Öffnungsrate

Auch die Öffnungsrate ist eine spezielle Form der Conversion Rate. Sie bezeichnet die Anzahl der von den Empfängern eines Newsletters geöffneten E-Mails, also jene, die die E-Mail in ihrem Postfach öffnen, ausgedrückt in Prozent.

Personal Brand

Eine Personal Brand kann man auf Deutsch auch als Personenmarke bezeichnen. Anders als bei einer normalen Marke, bei der ein Produkt oder ein Unternehmen im Vordergrund steht, steht bei einer Personal Brand ein Mensch im Vordergrund. Berühmte Personal Brands sind z. B. Jamie Oliver, Richard Branson oder Elon Musk.

Podcast

Ein Podcast ist ein aufgenommener Beitrag im Audioformat. Diese Beiträge können von Hörern auf bestimmten Plattformen (wie z. B. iTunes) abgerufen und angehört oder auch abonniert werden.

Post

Ein Post ist ein meist kurzer Beitrag als Text, Bild oder Video in sozialen Medien wie Facebook, Instagram, LinkedIn etc.

Reichweite

Die Reichweite bezeichnet die Anzahl von Lesern, Sehern oder Hörern, die eine Nachricht (ein Blogbeitrag, eine Podcastfolge, ein Video) sehen bzw. hören können. Es wird zwischen der potenziellen Reichweite (den möglichen Seher oder Hörer) oder auch der tatsächlichen Reichweite (jene, die den Beitrag wahrgenommen haben) unterschieden.

Segmentierung

Unter Segmentierung ist im Rahmen des Newsletter-Marketings die Einteilung der Liste bzw. der Zielpersonen in verschiedene Teilgruppen anhand von verschiedenen Segmentierungskriterien – wie z. B. neue oder langjährige Abonnenten, Männer oder Frauen, Unternehmer oder Angestellte – zu verstehen.

Shares

Share bezeichnet im Online-Marketing (im Normalfall auf Social Media) einen Inhalt, der im eigenen Netzwerk durch die Nutzer weiterverteilt wird.

Splittest

Splittests dienen im Newsletter-Marketing dazu, das Ergebnis des Newsletters (im Sinne von Klickrate bzw. Öffnungsrate) zu optimieren. Dabei werden z. B. zwei Betreffzeilen getextet und an jeweils eine kleine Menge von

Empfängern (z. B. je 100 Stück) verschickt. Die Betreffzeile, die bei den Empfängern besser ankommt (eine höhere Öffnungs- bzw. Klickrate hat) wird dann für den Versand an die ganze Liste verwendet.

Upsell/Upselling

Mit Upselling wird der Verkauf eines höherwertigen und teureren Produktes anstelle eines, für das sich ein Kunde ursprünglich entschieden hat, bezeichnet.

„Was soll ich bloß posten?"

Diese Frage stellen sich Unternehmer und Unternehmen, die Content Marketing betreiben, immer wieder? Um mehrere Social-Media-Kanäle professionell zu bespielen, braucht es eine Menge interessanter, informativer oder auch humorvoller Inhalte. Einmal pro Woche etwas zu posten, reicht schon lange nicht mehr. Selbst einmal pro Tag ist auf manchen Kanälen zu wenig. Daher finden Sie in diesem Buch über 150 Ideen und Strategien für Ihr Online-Kanäle. Hier bestellen >> https://amzn.to/3n2FUnI

Als Amazon-Partner verdiene ich an qualifizierten Verkäufen.

Vom selbstständigen Dienstleister zum erfolgreichen Unternehmer

Viele Selbstständige arbeiten zu viel und verdienen zu wenig. Sie befinden sich in einem Hamsterrad, das sie sich selbst geschaffen haben, und versuchen diesem zu entkommen, indem sie schneller laufen. Doch das funktioniert nicht. Burnout statt mehr Erfolg ist oft das Resultat.

Die Lösung heißt nicht schneller, sondern größer.

Die Lösung ist Wachstum. Doch damit das Unternehmen wachsen kann, muss zuerst der Unternehmer wachsen und sich verändern und vom Jobbesitzer zum echten Unternehmer werden. Hier bestellen >> https://amzn.to/3n9k95P

Als Amazon-Partner verdiene ich an qualifizierten Verkäufen.

Wenn alle Deutschen nur einen einzigen Tag statt fernzusehen diese Zeit in ein gemeinsames Projekt stecken würden, könnte über 200.000 Arbeitsjahre an diesem Projekt gearbeitet werden!

Es ist geradezu unglaublich bzw. erschreckend, wie viel Zeit wir mit manchen Tätigkeiten verbringen. Ein paar Minuten pro Tag summieren sich zu gewaltigen Mengen an wer voller Lebenszeit. Im Buch erfahren Sie, was Ihre persönlichen größten Zeitfresser sind. Oft sind diese in Bereichen, wo sie diese nie vermutet hätten. Gleichzeitig ist es ebenso erstaunlich, wie wenig Zeit manche Ihrer Aktivitäten beanspruchen, die Sie an die Stelle dieser Zeitfresser setzen können. Dabei geht es nicht um klassisches Zeitmanagement, sondern um eine vollkommen neue und bahnbrechende Sichtweise auf die Auswirkung von Zeit auf Ihren Erfolg.

In nur 5 Minuten pro Tag können Sie wahrhaft Gewaltiges bewirken und in jedem Fall Ihr Leben und vielleicht sogar die Welt ändern. Hier bestellen >> https://amzn.to/3jjajh6

Zeitfracht Medien GmbH
Ferdinand-Jühlke-Straße 7
99095 Erfurt, Deutschland
produktsicherheit@kolibri360.de